# Smaki Azji
## Odkryj Czar Orientu w Twojej Kuchni

Mei Ling

# Streszczenie

Krewetki królewskie z sosem liczi .................... 10
Smażone Krewetki Z Mandarynką .................... 11
Krewetki Z Mangetout .................... 12
Krewetki Z Chińskimi Pieczarkami .................... 13
Smażone krewetki i groszek .................... 14
Krewetki z chutneyem z mango .................... 15
Kulki Smażone Krewetki Z Sosem Cebulowym .................... 16
Krewetki mandarynkowe z groszkiem .................... 17
krewetki po pekińsku .................... 18
Krewetki Z Paprykami .................... 19
Smażone krewetki królewskie z wieprzowiną .................... 20
Smażone Krewetki Z Sosem Sherry .................... 21
Smażone Krewetki Sezamowe .................... 22
Smażone krewetki w skorupkach .................... 23
Smażone Miękkie Krewetki .................... 24
Krewetka w tempurze .................... 25
Pod gumą .................... 26
Krewetki Z Tofu .................... 27
Krewetki Z Pomidorami .................... 28
Krewetki Z Sosem Pomidorowym .................... 29
Krewetki królewskie z sosem pomidorowym i chilli .................... 30
Smażone Krewetki Królewskie Z Sosem Pomidorowym .................... 31
Krewetki Z Warzywami .................... 32
Krewetki z kasztanami wodnymi .................... 33
Wontony z krewetek .................... 34
Abalone z kurczakiem .................... 35
Abalone ze szparagami .................... 36
Abalone z grzybami .................... 37
Abalone z sosem ostrygowym .................... 38
Małże na parze .................... 39
Małże z kiełkami fasoli .................... 40
Małże Z Imbirem I Czosnkiem .................... 41

Smażone małże .................................................. 42
Ciasteczka krabowe ............................................ 43
Krem z kraba ..................................................... 44
Mięso kraba z chińskimi liśćmi ............................ 45
Krab Foo Yung z kiełkami fasoli .......................... 46
Imbirowy Krab ................................................... 47
Krab Lo Mein ..................................................... 48
Krab smażony z wieprzowiną ............................. 49
Smażone mięso kraba ......................................... 50
Smażone klopsiki z mątwy .................................. 51
Homar po kantońsku .......................................... 52
Smażony homar .................................................. 53
Homar na parze z szynką .................................... 54
Homar Z Pieczarkami ......................................... 55
Ogony homara z wieprzowiną ............................. 56
Homar smażony na patelni ................................. 57
gniazda homarów ............................................... 59
Małże w sosie z czarnej fasoli ............................. 60
Małże Z Imbirem ................................................ 61
Małże Na Parze .................................................. 62
Smażone ostrygi ................................................. 63
Ostrygi Z Boczkiem ........................................... 64
Smażone Ostrygi Z Imbirem .............................. 65
Ostrygi z sosem z czarnej fasoli .......................... 66
Przegrzebki z pędami bambusa ........................... 67
Przegrzebki Z Jajkiem ........................................ 68
Przegrzebki Z Brokułami ................................... 69
Przegrzebki Z Imbirem ...................................... 71
Przegrzebki z szynką .......................................... 72
Mieszanka Ziołowych Przegrzebków .................. 73
Przegrzebki i cebula smażone ............................. 74
Przegrzebki Z Warzywami ................................. 75
Przegrzebki Z Pieprzami .................................... 76
Kalmary z kiełkami fasoli ................................... 77
Smażona kałamarnica ........................................ 78
Paczki Kałamarnicy ........................................... 79

Roladki Smażone Kalmary .................... 80
Smażone kalmary .................... 82
Kalmary Z Wysuszonymi Pieczarkami .................... 82
Kalmary Z Warzywami .................... 83
Duszona wołowina z anyżem .................... 84
Wołowina ze szparagami .................... 85
Wołowina z pędami bambusa .................... 86
Wołowina z pędami bambusa i grzybami .................... 87
Duszona chińska wołowina .................... 88
Wołowina z kiełkami fasoli .................... 89
Wołowina z brokułami .................... 91
Sezamowa Wołowina Z Brokułami .................... 92
Grillowana wołowina .................... 93
Wołowina po kantońsku .................... 94
Wołowina Z Marchewkami .................... 95
Wołowina z orzechami nerkowca .................... 96
Powolna zapiekanka z wołowiny .................... 97
Wołowina z kalafiorem .................... 98
Wołowina Selerowa .................... 99
Smażone Plasterki Wołowiny Z Selerem .................... 100
Pokrojona Wołowina Z Kurczakiem I Selerem .................... 101
Chili Wołowina .................... 102
Wołowina z bok choy .................... 104
Suey Kotlet Wołowy .................... 105
Wołowina Ogórek .................... 106
Wołowina Chow Mein .................... 107
Stek Z Ogórka .................... 109
Curry z pieczonej wołowiny .................... 110
Marynowany uchowiec .................... 111
Duszone pędy bambusa .................... 112
Kurczak Z Ogórkiem .................... 113
Sezamowy Kurczak .................... 114
liczi z imbirem .................... 115
Pieczone skrzydełka z kurczaka .................... 116
Mięso Kraba Z Ogórkiem .................... 117
Grzyby marynowane .................... 118

Marynowane Pieczarki Czosnkowe .................... 119
Krewetki I Kalafior .................... 120
Paluszki z szynki sezamowej .................... 121
Zimne tofu .................... 122
Kurczak Z Bekonem .................... 123
Kurczak Frytki Bananowe .................... 124
Kurczak Z Imbirem I Pieczarkami .................... 125
Kurczak I Szynka .................... 127
Grillowane wątróbki drobiowe .................... 128
Kulki krabowe z kasztanami wodnymi .................... 129
Dim sum .................... 130
Roladki z szynki i kurczaka .................... 131
Krętliki z Pieczonej Szynki .................... 133
Pseudo Wędzona Ryba .................... 134
Duszone pieczarki .................... 136
Pieczarki W Sosie Ostrygowym .................... 137
Wrapy z wieprzowiny i sałaty .................... 138
Klopsiki Wieprzowe I Kasztany .................... 140
Pierogi wieprzowe .................... 141
Klopsiki Wieprzowe I Cielęce .................... 142
Krewetki motylkowe .................... 143
Chińskie krewetki .................... 144
Smocze Chmury .................... 145
Chrupiące Krewetki .................... 146
Krewetki Z Sosem Imbirowym .................... 147
Roladki z makaronem krewetkowym .................... 148
krewetki Toast .................... 150
Wontony wieprzowo-krewetkowe z sosem słodko-kwaśnym .................... 151
Bulion z kurczaka .................... 153
Zupa z kiełków fasoli i wieprzowiny .................... 154
Zupa z Abalone i Pieczarek .................... 155
Zupa Z Kurczaka I Szparagów .................... 157
Zupa Wołowa .................... 158
Chińska zupa z wołowiny i liści .................... 159
Kapuśniak .................... 160
pikantna zupa z wołowiny .................... 161

Niebiańska zupa .................. 163
Zupa z kurczaka i pędów bambusa .................. 164
Zupa Z Kurczaka I Kukurydzy .................. 165
Zupa Z Kurczaka I Imbiru .................. 166
Chińska Zupa Pieczarkowa Z Kurczaka .................. 167
Zupa Z Kurczaka I Ryżu .................. 168
Zupa Kokosowa Z Kurczaka .................. 169
Chowder z mięczaków .................. 170
Zupa Jajeczna .................. 171
Zupa krabowa i przegrzebki .................. 172
Zupa Krabowa .................. 174
Zupa rybna .................. 175
Zupa rybna i sałata .................. 176
Zupa imbirowa z knedlami .................. 178
Gorąca i kwaśna zupa .................. 179
Zupa grzybowa .................. 180
Zupa Z Kapusty I Pieczarek .................. 181
Zupa Jajeczna Pieczarkowa .................. 182
Zupa z grzybów i kasztanów wodnych .................. 183
Zupa Z Wieprzowiny I Pieczarek .................. 184
Zupa z wieprzowiny i rukwi wodnej .................. 185
Zupa Wieprzowa I Ogórkowa .................. 186
Zupa z klopsikami i makaronem .................. 187
Zupa Szpinakowa I Tofu .................. 188
Zupa z kraba i słodkiej kukurydzy .................. 189
Zupa Syczuańska .................. 190
Zupa Tofu .................. 192
Zupa z tofu i rybą .................. 193
Zupa pomidorowa .................. 194
Zupa Pomidorowa I Szpinakowa .................. 195
Zupa Rzepakowa .................. 196
Polewka .................. 197
Zupa wegetariańska .................. 198
zupa z rukwii wodnej .................. 199
Smażąca Ryba Z Warzywami .................. 200
Pieczona Cała Ryba .................. 202

Duszona ryba sojowa.................................................................... 203
Ryba sojowa z sosem ostrygowym ............................................... 204
Okoń morski gotowany na parze .................................................. 206
Duszona Ryba Z Pieczarkami........................................................ 207
Słodko kwaśna ryba ...................................................................... 209
Ryba Nadziewana Wieprzowiną .................................................... 211
Duszony karp w przyprawach........................................................ 213

## Krewetki królewskie z sosem liczi

Serwuje 4

50 g/2 uncje/¬Ω zwykły kubek (uniwersalny)

Mąka

2,5 ml/¬Ω łyżeczki soli

1 jajko, lekko ubite

30ml/2 łyżki wody

450 g obranych krewetek

olej do smażenia

30 ml / 2 łyżki oleju arachidowego (arachidowego).

2 plasterki korzenia imbiru, posiekane

30 ml/2 łyżki octu winnego

5ml/1 łyżeczka cukru

2,5 ml/¬Ω łyżeczki soli

15 ml/1 łyżka sosu sojowego

200 g liczi z puszki, odsączone

Wymieszaj mąkę, sól, jajko i wodę, aby uzyskać ciasto, w razie potrzeby dodając trochę wody. Wmieszaj krewetki, aż dobrze się pokryją. Rozgrzej olej i smaż krewetki przez kilka minut, aż będą chrupiące i złocistobrązowe. Odsączyć na papierze kuchennym i ułożyć na ciepłym talerzu. W międzyczasie rozgrzej olej i smaż imbir przez 1 minutę. Dodać ocet winny, cukier, sól i sos sojowy.

Dodaj liczi i mieszaj, aż będą gorące i pokryte sosem. Polać krewetkami i od razu podawać.

### Smażone Krewetki Z Mandarynką

Serwuje 4

*60 ml / 4 łyżki oleju arachidowego (arachidowego).*
*1 ząbek czosnku, rozgnieciony*
*1 plasterek korzenia imbiru, posiekany*
*450 g obranych krewetek*
*30ml/2 łyżki wina ryżowego lub wytrawnej sherry 30ml/2 łyżki sosu sojowego*
*15 ml/1 łyżka mąki kukurydzianej (skrobi kukurydzianej)*
*45 ml/3 łyżki wody*

Rozgrzej olej i smaż czosnek i imbir na złoty kolor. Dodać krewetki i smażyć mieszając przez 1 minutę. Dodaj wino lub sherry i dobrze wymieszaj. Dodać sos sojowy, mąkę kukurydzianą i wodę i smażyć mieszając przez 2 minuty.

*Krewetki Z Mangetout*

Serwuje 4

*5 suszonych grzybów chińskich*
*225 g kiełków fasoli*
*60 ml / 4 łyżki oleju arachidowego (arachidowego).*
*5ml/1 łyżeczka soli*
*2 łodygi selera, posiekane*
*4 dymki (szalotka), posiekane*
*2 ząbki czosnku, zmiażdżone*
*2 plasterki korzenia imbiru, posiekane*
*60 ml/4 łyżki wody*
*15 ml/1 łyżka sosu sojowego*
*15 ml/1 łyżka wina ryżowego lub wytrawnego sherry*
*225 g/8 uncji Mangetout (groszek śnieżny)*
*225 g obranych krewetek*
*15 ml/1 łyżka mąki kukurydzianej (skrobi kukurydzianej)*

Grzyby moczymy przez 30 minut w ciepłej wodzie, następnie odcedzamy. Usuń łodygi i pokrój kapelusze. Blanszuj kiełki fasoli we wrzącej wodzie przez 5 minut, a następnie dobrze odsącz. Rozgrzej połowę oleju i smaż sól, seler, dymkę i kiełki fasoli przez 1 minutę, a następnie zdejmij z patelni. Rozgrzej pozostały olej i podsmaż czosnek i imbir na złoty kolor. Dodaj połowę wody, sos sojowy, wino lub sherry, mangetout i krewetki, zagotuj i gotuj przez 3 minuty. Zmieszaj skrobię kukurydzianą i pozostałą wodę na pastę, wymieszaj na patelni i gotuj na wolnym ogniu, mieszając, aż sos zgęstnieje. Umieść warzywa z powrotem na patelni, gotuj, aż będą gorące. Natychmiast podawaj.

### Krewetki Z Chińskimi Pieczarkami

Serwuje 4

*8 suszonych grzybów chińskich*
*45 ml / 3 łyżki oleju arachidowego (arachidowego).*
*3 plastry korzenia imbiru, posiekane*
*450 g obranych krewetek*
*15 ml/1 łyżka sosu sojowego*
*5ml/1 łyżeczka soli*
*60 ml/4 łyżki bulionu rybnego*

Grzyby moczymy przez 30 minut w ciepłej wodzie, następnie odcedzamy. Usuń łodygi i pokrój kapelusze. Rozgrzej połowę oleju i smaż imbir na złoty kolor. Dodaj krewetki, sos sojowy i sól i smaż, mieszając, aż pokryją się olejem, a następnie zdejmij z patelni. Rozgrzej pozostały olej i smaż grzyby, aż pokryją się olejem. Dodaj bulion, zagotuj, przykryj i gotuj przez 3 minuty. Przełóż krewetki z powrotem na patelnię i mieszaj, aż się rozgrzeją.

*Smażone krewetki i groszek*

Serwuje 4

*450 g obranych krewetek*
*5 ml/1 łyżeczka oleju sezamowego*
*5ml/1 łyżeczka soli*
*30 ml / 2 łyżki oleju arachidowego (arachidowego).*
*1 ząbek czosnku, rozgnieciony*
*1 plasterek korzenia imbiru, posiekany*
*225 g blanszowanego lub mrożonego groszku, rozmrożonego*
*4 dymki (szalotka), posiekane*
*30ml/2 łyżki wody*
*sól i pieprz*

Wymieszaj krewetki z olejem sezamowym i solą. Rozgrzej olej i smaż czosnek i imbir przez 1 minutę. Dodać krewetki i smażyć mieszając przez 2 minuty. Dodać groszek i smażyć mieszając przez 1 minutę. Dodaj dymkę i wodę, dopraw solą i pieprzem oraz odrobiną oleju sezamowego, jeśli chcesz. Przed podaniem podgrzej, ostrożnie mieszając.

### Krewetki z chutneyem z mango

Serwuje 4

*12 krewetek*

*sól i pieprz*

*sok z 1 cytryny*

*30 ml/2 łyżki mąki kukurydzianej (skrobi kukurydzianej)*

*1 mango*

*5 ml/1 łyżeczka musztardy w proszku*

*5 ml/1 łyżeczka miodu*

*30 ml/2 łyżki śmietanki kokosowej*

*30 ml/2 łyżki łagodnego curry w proszku*

*120 ml/4 fl oz/¬Ω szklanka bulionu z kurczaka*

*45 ml / 3 łyżki oleju arachidowego (arachidowego).*

*2 ząbki czosnku, posiekane*

*2 dymki (szalotka), posiekane*

*1 koper włoski, posiekany*
*100 g chutneyu z mango*

Obierz krewetki, pozostawiając nienaruszone ogony. Posyp solą, pieprzem i sokiem z cytryny, a następnie przykryj połową mąki kukurydzianej. Obierz mango, odetnij miąższ od pestki, a następnie pokrój miąższ w kostkę. Wymieszaj musztardę, miód, śmietankę kokosową, curry w proszku, pozostałą skrobię kukurydzianą i bulion. Rozgrzej połowę oleju i smaż czosnek, dymkę i koper włoski przez 2 minuty. Dodać bulion, doprowadzić do wrzenia i gotować na wolnym ogniu przez 1 minutę. Dodaj kostki mango i chutney, podgrzej na małym ogniu, a następnie przełóż na ogrzany półmisek. Rozgrzej pozostały olej i smaż krewetki przez 2 minuty. Ułóż je na warzywach i od razu podawaj.

*Kulki Smażone Krewetki Z Sosem Cebulowym*

Serwuje 4

*3 jajka, lekko ubite*
*45 ml/3 łyżki mąki (uniwersalnej).*
*sól i świeżo zmielony pieprz*

*450 g obranych krewetek*

*olej do smażenia*

*15 ml/1 łyżka oleju arachidowego (arachidowego).*

*2 cebule, posiekane*

*15 ml/1 łyżka mąki kukurydzianej (skrobi kukurydzianej)*

*30ml/2 łyżki sosu sojowego*

*175 ml/6 uncji/¼ szklanki wody*

Wymieszaj jajka, mąkę, sól i pieprz. Zanurz krewetki w cieście. Rozgrzej olej i smaż krewetki na złoty kolor. W międzyczasie rozgrzej olej i smaż cebulę przez 1 minutę. Pozostałe składniki zmiksować na pastę, dodać cebulę i smażyć, mieszając, aż sos zgęstnieje. Odcedź krewetki i ułóż je na ciepłym talerzu. Polać sosem i od razu podawać.

*Krewetki mandarynkowe z groszkiem*

Serwuje 4

*60 ml / 4 łyżki oleju arachidowego (arachidowego).*

*1 ząbek czosnku, posiekany*

*1 plasterek korzenia imbiru, posiekany*

*450 g obranych krewetek*

*30 ml/2 łyżki wina ryżowego lub wytrawnego sherry*

*225 g mrożonego groszku, rozmrożonego*

*30ml/2 łyżki sosu sojowego*

*15 ml/1 łyżka mąki kukurydzianej (skrobi kukurydzianej)*

*45 ml/3 łyżki wody*

Rozgrzej olej i smaż czosnek i imbir na złoty kolor. Dodać krewetki i smażyć mieszając przez 1 minutę. Dodaj wino lub sherry i dobrze wymieszaj. Dodać groszek i smażyć mieszając przez 5 minut. Dodać pozostałe składniki i smażyć mieszając przez 2 minuty.

*krewetki po pekińsku*

Serwuje 4

*30 ml / 2 łyżki oleju arachidowego (arachidowego).*

*2 ząbki czosnku, zmiażdżone*

*1 plaster korzenia imbiru, drobno posiekany*

*225 g obranych krewetek*

*4 dymki (szalotka), pokrojone w grube plastry*

*120 ml/4 fl oz/¬Ω szklanka bulionu z kurczaka*

*5 ml/1 łyżeczka brązowego cukru*

*5 ml/1 łyżeczka sosu sojowego*
*5 ml/1 łyżeczka sosu hoisin*
*5 ml/1 łyżeczka sosu Tabasco*

Rozgrzej oliwę z czosnkiem i imbirem i smaż, aż czosnek się lekko zrumieni. Dodać krewetki i smażyć mieszając przez 1 minutę. Dodaj dymkę i smaż przez 1 minutę. Dodaj pozostałe składniki, zagotuj, przykryj i gotuj na wolnym ogniu przez 4 minuty, od czasu do czasu mieszając. Sprawdź przyprawy i dodaj trochę Tabasco, jeśli wolisz.

*Krewetki Z Paprykami*

Serwuje 4

*30 ml / 2 łyżki oleju arachidowego (arachidowego).*
*1 zielona papryka, pokrojona w kostkę*
*450 g obranych krewetek*
*10 ml/2 łyżeczki mąki kukurydzianej (skrobi kukurydzianej)*
*60 ml/4 łyżki wody*
*5 ml/1 łyżeczka wina ryżowego lub wytrawnego sherry*
*2,5 ml/¬Ω łyżeczki soli*
*45 ml/2 łyżki koncentratu pomidorowego√©e (pasta)*

Rozgrzej olej i smaż paprykę przez 2 minuty. Dodaj krewetki i pastę pomidorową i dobrze wymieszaj. Zmieszaj wodę z mąki kukurydzianej, wino lub sherry i sól na pastę, wymieszaj na patelni i gotuj na wolnym ogniu, mieszając, aż sos stanie się klarowny i zgęstnieje.

*Smażone krewetki królewskie z wieprzowiną*

Serwuje 4

*225 g obranych krewetek*
*100 g chudej wieprzowiny, rozdrobnionej*
*60 ml/4 łyżki wina ryżowego lub wytrawnego sherry*
*1 białko jajka*
*45 ml/3 łyżki mąki kukurydzianej (skrobia kukurydziana)*
*5ml/1 łyżeczka soli*
*15 ml/1 łyżka wody (opcjonalnie)*
*90 ml/6 łyżek oleju z orzeszków ziemnych (arachidowych).*
*45 ml/3 łyżki bulionu rybnego*
*5 ml/1 łyżeczka oleju sezamowego*

Umieść krewetki i wieprzowinę w osobnych miskach. Wymieszaj razem 45 ml/3 łyżki wina lub sherry, białko jaja, 30 ml/2 łyżki skrobi kukurydzianej i sól na gładkie ciasto, w razie potrzeby dodając wodę. Podziel mieszaninę między wieprzowinę i krewetki i dobrze wymieszaj, aby równomiernie pokryć.

Rozgrzać olej i smażyć wieprzowinę i krewetki przez kilka minut na złoty kolor. Zdjąć z patelni i wlać wszystko oprócz 15 ml/1 łyżkę oleju. Dodaj bulion do garnka z pozostałym winem lub sherry i skrobią kukurydzianą. Doprowadzić do wrzenia i gotować, mieszając, aż sos zgęstnieje. Polać krewetkami i wieprzowiną i podawać skropione olejem sezamowym.

### *Smażone Krewetki Z Sosem Sherry*

Serwuje 4

*50 g / 2 uncje / ¬Ω filiżanka mąki pełnoziarnistej (uniwersalnej).*

*2,5 ml/¬Ω łyżeczki soli*

*1 jajko, lekko ubite*

*30ml/2 łyżki wody*

*450 g obranych krewetek*

*olej do smażenia*

*15 ml/1 łyżka oleju arachidowego (arachidowego).*

*1 cebula, drobno posiekana*

*45 ml/3 łyżki wina ryżowego lub wytrawnego sherry*
*15 ml/1 łyżka sosu sojowego*
*120 ml/4 fl oz/¬Ω szklanka bulionu rybnego*
*10 ml/2 łyżeczki mąki kukurydzianej (skrobi kukurydzianej)*
*30ml/2 łyżki wody*

Wymieszaj mąkę, sól, jajko i wodę, aby uzyskać ciasto, w razie potrzeby dodając trochę wody. Wmieszaj krewetki, aż dobrze się pokryją. Rozgrzej olej i smaż krewetki przez kilka minut, aż będą chrupiące i złocistobrązowe. Odsączyć na papierze kuchennym i ułożyć na ciepłym talerzu. W międzyczasie rozgrzej olej i smaż cebulę, aż się zeszkli. Dodaj wino lub sherry, sos sojowy i bulion, zagotuj i gotuj przez 4 minuty. Wymieszaj mąkę kukurydzianą i wodę na pastę, wymieszaj na patelni i gotuj na wolnym ogniu, mieszając, aż sos stanie się klarowny i zgęstnieje. Sosem polać krewetki i podawać.

*Smażone Krewetki Sezamowe*

Serwuje 4

*450 g obranych krewetek*

*¬Ω białko jajka*

5 ml/1 łyżeczka sosu sojowego

5 ml/1 łyżeczka oleju sezamowego

50 g / 2 uncje / ¬Ω filiżanka mąki kukurydzianej (skrobia kukurydziana)

sól i świeżo zmielony biały pieprz

olej do smażenia

60ml/4 łyżki sezamu

liście sałaty

Wymieszaj krewetki z białkiem jaja, sosem sojowym, olejem sezamowym, skrobią kukurydzianą, solą i pieprzem. Dodaj trochę wody, jeśli mieszanina jest zbyt gęsta. Rozgrzej olej i smaż krewetki przez kilka minut, aż się lekko zrumienią. W międzyczasie krótko uprażyć sezam na suchej patelni na złoty kolor. Odcedź krewetki i wymieszaj je z sezamem. Podawać na łożu z sałaty.

*Smażone krewetki w skorupkach*

Serwuje 4

*60 ml / 4 łyżki oleju arachidowego (arachidowego).*

*750 g nieobranych krewetek*

*3 dymki (szalotka), posiekane*

*3 plastry korzenia imbiru, posiekane*

*2,5 ml/¬Ω łyżeczki soli*

*15 ml/1 łyżka wina ryżowego lub wytrawnego sherry*

*120 ml/4 fl oz/¬Ω filiżanka ketchupu (catsup)*

*15 ml/1 łyżka sosu sojowego*

*15 ml/1 łyżka cukru*

*15 ml/1 łyżka mąki kukurydzianej (skrobi kukurydzianej)*

*60 ml/4 łyżki wody*

Rozgrzej olej i smaż krewetki przez 1 minutę (jeśli są ugotowane) lub do momentu, aż staną się różowe, jeśli są surowe. Dodaj dymkę, imbir, sól i wino lub sherry i smaż przez 1 minutę. Dodać ketchup, sos sojowy i cukier i smażyć mieszając przez 1 minutę. Wymieszaj skrobię kukurydzianą i wodę, wlej do garnka i gotuj na wolnym ogniu, mieszając, aż sos stanie się klarowny i zgęstnieje.

*Smażone Miękkie Krewetki*

Serwuje 4

*75 g/3 oz/czubaty ¬° kubek mąki kukurydzianej (skrobi kukurydzianej)*

*1 białko jajka*

*5 ml/1 łyżeczka wina ryżowego lub wytrawnego sherry*

*sól*

*350 g obranych krewetek*

*olej do smażenia*

Wymieszaj mąkę kukurydzianą, białko jaja, wino lub sherry i szczyptę soli, aby uzyskać gęste ciasto. Zanurz krewetki w cieście, aż będą dobrze pokryte. Rozgrzać olej i smażyć krewetki przez kilka minut na złoty kolor. Zdjąć z oleju, podgrzać, aż będą gorące, a następnie ponownie usmażyć krewetki, aż będą chrupiące i złocistobrązowe.

*Krewetka w tempurze*

Serwuje 4

*450 g obranych krewetek*

*30 ml/2 łyżki mąki (uniwersalnej).*

*30 ml/2 łyżki mąki kukurydzianej (skrobi kukurydzianej)*

*30ml/2 łyżki wody*

*2 jajka, ubite*

*olej do smażenia*

Przetnij krewetki na pół po wewnętrznej stronie krzywizny i rozłóż je, tworząc motyla. Wymieszaj mąkę, skrobię kukurydzianą i wodę, aby utworzyć pastę, a następnie dodaj jajka. Rozgrzej olej i smaż krewetki na złoty kolor.

*Pod gumą*

Serwuje 4

*30 ml / 2 łyżki oleju arachidowego (arachidowego).*

*2 dymki (szalotka), posiekane*

*1 ząbek czosnku, rozgnieciony*

*1 plasterek korzenia imbiru, posiekany*

*100 g piersi z kurczaka, pokrojonej w paski*

*100 g szynki pokrojonej w paski*

*100 g pędów bambusa, pokrojonych w paski*

*100 g kasztanów wodnych, pokrojonych w paski*

*225 g obranych krewetek*

*30ml/2 łyżki sosu sojowego*

*30 ml/2 łyżki wina ryżowego lub wytrawnego sherry*

*5ml/1 łyżeczka soli*

*5ml/1 łyżeczka cukru*

*5 ml/1 łyżeczka mąki kukurydzianej (skrobi kukurydzianej)*

Rozgrzej olej i smaż cebulę, czosnek i imbir na złoty kolor. Dodać kurczaka i smażyć mieszając przez 1 minutę. Dodać szynkę, pędy bambusa i kasztany wodne i smażyć mieszając przez 3 minuty. Dodać krewetki i smażyć mieszając przez 1 minutę. Dodać sos sojowy, wino lub sherry, sól i cukier i smażyć mieszając przez 2 minuty. Wymieszaj skrobię kukurydzianą z odrobiną wody, wlej do garnka i gotuj na wolnym ogniu, mieszając przez 2 minuty.

*Krewetki Z Tofu*

Serwuje 4

*45 ml / 3 łyżki oleju arachidowego (arachidowego).*

*225 g tofu pokrojonego w kostkę*

*1 dymka (szalotka), posiekana*

*1 ząbek czosnku, rozgnieciony*

*15 ml/1 łyżka sosu sojowego*

*5ml/1 łyżeczka cukru*

*90 ml/6 łyżek bulionu rybnego*

*225 g obranych krewetek*

*15 ml/1 łyżka mąki kukurydzianej (skrobi kukurydzianej)*

*45 ml/3 łyżki wody*

Rozgrzej połowę oleju i smaż tofu, aż się lekko zrumieni, a następnie zdejmij z patelni. Rozgrzej pozostały olej i podsmaż cebulę i czosnek na złoty kolor. Dodaj sos sojowy, cukier i bulion i zagotuj. Dodaj krewetki i mieszaj na małym ogniu przez 3 minuty. Mąkę kukurydzianą i wodę zmiksować na pastę, wymieszać na patelni i gotować na wolnym ogniu, mieszając, aż sos zgęstnieje. Umieść tofu z powrotem na patelni i gotuj na wolnym ogniu, aż będzie gorące.

*Krewetki Z Pomidorami*

Serwuje 4

*2 białka jaj*

*30 ml/2 łyżki mąki kukurydzianej (skrobi kukurydzianej)*

*5ml/1 łyżeczka soli*

*450 g obranych krewetek*

*olej do smażenia*

*30 ml/2 łyżki wina ryżowego lub wytrawnego sherry*

*225 g pomidorów, obranych ze skórki, pozbawionych nasion i posiekanych*

Wymieszaj białka, skrobię kukurydzianą i sól. Dodaj krewetki, aż będą dobrze pokryte. Rozgrzej olej i smaż krewetki, aż będą ugotowane. Wlać wszystko oprócz 15 ml/1 łyżkę oleju i podgrzać. Dodaj wino lub sherry i pomidory i zagotuj. Dodaj krewetki i podgrzej je szybko przed podaniem.

*Krewetki Z Sosem Pomidorowym*

Serwuje 4

*30 ml / 2 łyżki oleju arachidowego (arachidowego).*

*1 ząbek czosnku, rozgnieciony*

*2 plasterki korzenia imbiru, posiekane*

*2,5 ml/¬Ω łyżeczki soli*

*15 ml/1 łyżka wina ryżowego lub wytrawnego sherry*

*15 ml/1 łyżka sosu sojowego*

*6ml/4 łyżki ketchupu (catsup)*

*120 ml/4 fl oz/¬Ω szklanka bulionu rybnego*

*350 g obranych krewetek*

*10 ml/2 łyżeczki mąki kukurydzianej (skrobi kukurydzianej)*

*30ml/2 łyżki wody*

Rozgrzej olej i smaż czosnek, imbir i sól przez 2 minuty. Dodaj wino lub sherry, sos sojowy, ketchup i bulion i zagotuj. Dodaj krewetki, przykryj i gotuj przez 2 minuty. Mąkę kukurydzianą i wodę wymieszać na pastę, wlać do rondla i gotować na wolnym ogniu, mieszając, aż sos stanie się klarowny i zgęstnieje.

*Krewetki królewskie z sosem pomidorowym i chilli*

Serwuje 4

*60 ml / 4 łyżki oleju arachidowego (arachidowego).*
*15 ml/1 łyżka mielonego imbiru*
*15 ml/1 łyżka mielonego czosnku*
*15 ml/1 łyżka posiekanej dymki*
*60 ml/4 łyżki koncentratu pomidorowego√©e (pasta)*
*15 ml/1 łyżka sosu chilli*
*450 g obranych krewetek*
*15 ml/1 łyżka mąki kukurydzianej (skrobi kukurydzianej)*
*15ml/1 łyżka wody*

Rozgrzej olej i smaż imbir, czosnek i dymkę przez 1 minutę. Dodaj koncentrat pomidorowy i sos chilli i dobrze wymieszaj. Dodać krewetki i smażyć mieszając przez 2 minuty. Zmieszaj mąkę kukurydzianą i wodę na pastę, zamieszaj na patelni i gotuj na wolnym ogniu, aż sos zgęstnieje. Natychmiast podawaj.

*Smażone Krewetki Królewskie Z Sosem Pomidorowym*

Serwuje 4

50 g / 2 uncje / ¬Ω filiżanka mąki pełnoziarnistej (uniwersalnej).

2,5 ml/¬Ω łyżeczki soli

1 jajko, lekko ubite

30ml/2 łyżki wody

450 g obranych krewetek

olej do smażenia

30 ml / 2 łyżki oleju arachidowego (arachidowego).

1 cebula, drobno posiekana

2 plasterki korzenia imbiru, posiekane

75ml/5 łyżek ketchupu (catsup)

10 ml/2 łyżeczki mąki kukurydzianej (skrobi kukurydzianej)

30ml/2 łyżki wody

Wymieszaj mąkę, sól, jajko i wodę, aby uzyskać ciasto, w razie potrzeby dodając trochę wody. Mieszaj krewetki, aż będą dobrze pokryte. Rozgrzej olej i smaż krewetki przez kilka minut, aż będą chrupiące i złocistobrązowe. Osączyć na papierze kuchennym.

W międzyczasie rozgrzej olej i podsmaż cebulę i imbir, aż zmiękną. Dodaj ketchup i gotuj przez 3 minuty. Mąkę kukurydzianą i wodę wymieszać na pastę, wymieszać na patelni i gotować mieszając, aż sos zgęstnieje. Dodaj krewetki na patelnię i gotuj na wolnym ogniu, aż się rozgrzeją. Natychmiast podawaj.

### Krewetki Z Warzywami

Serwuje 4

*15 ml/1 łyżka oleju arachidowego (arachidowego).*
*225 g/8 uncji różyczek brokuła*
*225 g pieczarek*
*225 g pędów bambusa, pokrojonych w plastry*
*450 g obranych krewetek*
*120 ml/4 fl oz/¬Ω szklanka bulionu z kurczaka*
*5 ml/1 łyżeczka mąki kukurydzianej (skrobi kukurydzianej)*
*5 ml/1 łyżeczka sosu ostrygowego*
*2,5 ml/¬Ω łyżeczki cukru*
*2,5 ml/¬Ω łyżeczki startego korzenia imbiru*
*szczypta świeżo zmielonego pieprzu*

Rozgrzej olej i smaż brokuły przez 1 minutę. Dodać grzyby i pędy bambusa i smażyć mieszając przez 2 minuty. Dodać krewetki i smażyć mieszając przez 2 minuty. Wymieszaj pozostałe składniki i dodaj do mieszanki krewetek. Doprowadzić do wrzenia, mieszając, a następnie gotować na wolnym ogniu przez 1 minutę, ciągle mieszając.

*Krewetki z kasztanami wodnymi*

Serwuje 4

*60 ml / 4 łyżki oleju arachidowego (arachidowego).*
*1 ząbek czosnku, posiekany*
*1 plasterek korzenia imbiru, posiekany*
*450 g obranych krewetek*
*30 ml/2 łyżki stołowe wina ryżowego lub wytrawnej sherry 225 g kasztanów wodnych, pokrojonych w plasterki*
*30ml/2 łyżki sosu sojowego*
*15 ml/1 łyżka mąki kukurydzianej (skrobi kukurydzianej)*
*45 ml/3 łyżki wody*

Rozgrzej olej i smaż czosnek i imbir na złoty kolor. Dodać krewetki i smażyć mieszając przez 1 minutę. Dodaj wino lub sherry i dobrze wymieszaj. Dodać kasztany wodne i smażyć mieszając przez 5 minut. Dodać pozostałe składniki i smażyć mieszając przez 2 minuty.

*Wontony z krewetek*

Serwuje 4

*450 g obranych krewetek, posiekanych*
*225 g mieszanej zieleniny, posiekanej*
*15 ml/1 łyżka sosu sojowego*
*2,5 ml/¬Ω łyżeczki soli*
*kilka kropli oleju sezamowego*
*40 skór wontonów*
*olej do smażenia*

Wymieszaj krewetki, warzywa, sos sojowy, sól i olej sezamowy.

Aby złożyć wontony, chwyć skórkę w lewą dłoń i wlej trochę nadzienia na środek. Zwilżyć brzegi jajkiem i złożyć skórkę w trójkąt, sklejając brzegi. Nasmaruj rogi jajkiem i skręć je razem.

Rozgrzej olej i smaż po kilka wontonów na złoty kolor. Dobrze odcedź przed podaniem.

*Abalone z kurczakiem*

Serwuje 4

*400 g uchowca z puszki*

*30 ml / 2 łyżki oleju arachidowego (arachidowego).*

*100 g piersi z kurczaka, pokrojonej w kostkę*

*100 g pędów bambusa, pokrojonych w plasterki*

*250 ml/8 fl oz/1 szklanka bulionu rybnego*

*15 ml/1 łyżka wina ryżowego lub wytrawnego sherry*

*5ml/1 łyżeczka cukru*

*2,5 ml/¬Ω łyżeczki soli*

*15 ml/1 łyżka mąki kukurydzianej (skrobi kukurydzianej)*

*45 ml/3 łyżki wody*

Odcedź i pokrój uchowca, zachowując sok. Rozgrzej olej i smaż kurczaka, aż lekko się zarumieni. Dodać uchowca i pędy bambusa i smażyć mieszając przez 1 minutę. Dodaj płyn z abalone, bulion, wino lub sherry, cukier i sól, zagotuj i gotuj na wolnym ogniu przez 2 minuty. Wymieszaj mąkę kukurydzianą i wodę na pastę i gotuj na wolnym ogniu, mieszając, aż sos stanie się klarowny i zgęstnieje. Natychmiast podawaj.

*Abalone ze szparagami*

Serwuje 4

*10 suszonych grzybów chińskich*
*30 ml / 2 łyżki oleju arachidowego (arachidowego).*
*15ml/1 łyżka wody*
*225 g szparagów*
*2,5 ml/¬Ω łyżeczki sosu rybnego*
*15 ml/1 łyżka mąki kukurydzianej (skrobi kukurydzianej)*
*225 g/8 uncji uchowca z puszki, pokrojonego*
*60 ml/4 łyżki bulionu*
*¬Ω mała marchewka pokrojona w plasterki*

*5 ml/1 łyżeczka sosu sojowego*

*5 ml/1 łyżeczka sosu ostrygowego*

*5 ml/1 łyżeczka wina ryżowego lub wytrawnego sherry*

Grzyby moczymy przez 30 minut w ciepłej wodzie, następnie odcedzamy. Odrzuć łodygi. Podgrzej 15 ml/1 łyżkę oleju z wodą i smaż kapelusze pieczarek przez 10 minut. W międzyczasie ugotować szparagi we wrzącej wodzie z sosem rybnym i 5 ml/1 łyżeczka skrobi kukurydzianej do miękkości. Dobrze odsączyć i ułożyć na ciepłym półmisku z pieczarkami. Trzymaj je ciepło. Rozgrzej pozostały olej i smaż abalone przez kilka sekund, następnie dodaj bulion, marchewkę, sos sojowy, sos ostrygowy, wino lub sherry i pozostałą mąkę kukurydzianą. Gotuj przez około 5 minut, aż się ugotuje, następnie polej szparagi i podawaj.

*Abalone z grzybami*

Serwuje 4

*6 suszonych grzybów chińskich*

*400 g uchowca z puszki*

45 ml / 3 łyżki oleju arachidowego (arachidowego).

2,5 ml/¬Ω łyżeczki soli

15 ml/1 łyżka wina ryżowego lub wytrawnego sherry

3 dymki (szalotka), pokrojone w grube plastry

Grzyby moczymy przez 30 minut w ciepłej wodzie, następnie odcedzamy. Usuń łodygi i pokrój kapelusze. Odcedź i pokrój uchowca, zachowując sok. Rozgrzej olej i smaż sól i grzyby przez 2 minuty. Dodaj płyn z abalone i sherry, zagotuj, przykryj i gotuj na wolnym ogniu przez 3 minuty. Dodaj uchowca i dymkę i gotuj na wolnym ogniu, aż się zagrzeje. Natychmiast podawaj.

### Abalone z sosem ostrygowym

Serwuje 4

400 g uchowca z puszki

15 ml/1 łyżka mąki kukurydzianej (skrobi kukurydzianej)

15 ml/1 łyżka sosu sojowego

45 ml/3 łyżki sosu ostrygowego

30 ml / 2 łyżki oleju arachidowego (arachidowego).

*50 g szynki wędzonej, mielonej*

Odcedź puszkę uchowca i zachowaj 90 ml/6 łyżek płynu. Wymieszaj to ze skrobią kukurydzianą, sosem sojowym i sosem ostrygowym. Rozgrzej olej i smaż odsączonego uchowca przez 1 minutę. Wmieszaj mieszankę salsy i gotuj na wolnym ogniu, mieszając, około 1 minuty, aż będzie gorąca. Przełożyć na ciepły półmisek i podawać udekorowane szynką.

## *Małże na parze*

Serwuje 4

*24 małże*

Dobrze oczyść małże i mocz je w osolonej wodzie przez kilka godzin. Opłucz pod bieżącą wodą i umieść w głębokim żaroodpornym naczyniu. Umieścić na stojaku w naczyniu do gotowania na parze, przykryć i gotować we wrzącej wodzie na małym ogniu przez około 10 minut, aż wszystkie małże się otworzą. Odrzuć te, które pozostają zamknięte. Podawać z sosami.

*Małże z kiełkami fasoli*

Serwuje 4

*24 małże*

*15 ml/1 łyżka oleju arachidowego (arachidowego).*

*150 g kiełków fasoli*

*1 zielona papryka, pokrojona w paski*

*2 dymki (szalotka), posiekane*

*15 ml/1 łyżka wina ryżowego lub wytrawnego sherry*

*sól i świeżo zmielony pieprz*

*2,5 ml/¬Ω łyżeczki oleju sezamowego*

*50 g szynki wędzonej, mielonej*

Dobrze oczyść małże i mocz je w osolonej wodzie przez kilka godzin. Opłucz pod bieżącą wodą. Zagotuj wodę w garnku, dodaj małże i gotuj przez kilka minut, aż się otworzą. Odcedź i wyrzuć te, które pozostały zamknięte. Wyjmij małże z muszli.

Rozgrzać olej i smażyć kiełki fasoli przez 1 minutę. Dodaj paprykę i dymkę i smaż przez 2 minuty. Dodać wino lub sherry, doprawić solą i pieprzem. Podgrzej, następnie dodaj małże i mieszaj, aż będą dobrze wymieszane i podgrzane. Przełożyć na ciepły talerz i podawać posypany olejem sezamowym i prosciutto.

## Małże Z Imbirem I Czosnkiem

*Serwuje 4*

*24 małże*

*15 ml/1 łyżka oleju arachidowego (arachidowego).*

*2 plasterki korzenia imbiru, posiekane*

*2 ząbki czosnku, zmiażdżone*

*15ml/1 łyżka wody*

*5 ml/1 łyżeczka oleju sezamowego*

*sól i świeżo zmielony pieprz*

Dobrze oczyść małże i mocz je w osolonej wodzie przez kilka godzin. Opłucz pod bieżącą wodą. Rozgrzej olej i smaż imbir i czosnek przez 30 sekund. Dodaj małże, wodę i olej sezamowy, przykryj i gotuj przez około 5 minut, aż małże się otworzą. Odrzuć te, które pozostają zamknięte. Lekko doprawiamy solą i pieprzem i od razu podajemy.

*Smażone małże*

Serwuje 4

*24 małże*

*60 ml / 4 łyżki oleju arachidowego (arachidowego).*

*4 ząbki czosnku, posiekane*

*1 cebula, posiekana*

*2,5 ml/¬Ω łyżeczki soli*

Dobrze oczyść małże i mocz je w osolonej wodzie przez kilka godzin. Opłucz pod bieżącą wodą, a następnie wysusz. Rozgrzej olej i smaż czosnek, cebulę i sól, aż zmiękną. Dodaj małże, przykryj i gotuj na małym ogniu przez około 5 minut, aż wszystkie muszle się otworzą. Odrzuć te, które pozostają zamknięte. Delikatnie smaż przez kolejną minutę, polewając olejem.

*Ciasteczka krabowe*

Serwuje 4

*225 g kiełków fasoli*

*60 ml/4 łyżki stołowe oleju z orzeszków ziemnych 100 g pędów bambusa, pokrojonych w paski*

*1 cebula, posiekana*

*225g mięsa kraba, płatków*

*4 jajka, lekko ubite*

*15 ml/1 łyżka mąki kukurydzianej (skrobi kukurydzianej)*

*30ml/2 łyżki sosu sojowego*

*sól i świeżo zmielony pieprz*

Blanszuj kiełki fasoli we wrzącej wodzie przez 4 minuty, a następnie odcedź. Rozgrzej połowę oleju i podsmaż kiełki fasoli, pędy bambusa i cebulę, aż zmiękną. Zdjąć z ognia i dodać pozostałe składniki oprócz oleju. Rozgrzej pozostały olej na czystej patelni i łyżką smaż mieszankę krabów, tworząc małe placki. Smaż na złoty kolor z obu stron, a następnie podawaj od razu.

*Krem z kraba*

Serwuje 4

*225 g mięsa kraba*
*5 jajek, ubite*
*1 cebula dymka (szalotka) drobno posiekana*
*250ml/8 fl oz/1 szklanka wody*
*5ml/1 łyżeczka soli*
*5 ml/1 łyżeczka oleju sezamowego*

Wszystkie składniki dobrze wymieszać. Umieść w misce, przykryj i umieść na podwójnym bojlerze nad gorącą wodą lub na stojaku do gotowania na parze. Gotuj na parze przez około 35 minut, aż uzyskasz krem, od czasu do czasu mieszając. Podawać z ryżem.

## Mięso kraba z chińskimi liśćmi

Serwuje 4

*450 g liści chińskich, startych*
*45 ml/3 łyżki oleju roślinnego*
*2 dymki (szalotka), posiekane*
*225 g mięsa kraba*
*15 ml/1 łyżka sosu sojowego*
*15 ml/1 łyżka wina ryżowego lub wytrawnego sherry*
*5ml/1 łyżeczka soli*

Blanszować chińskie liście we wrzącej wodzie przez 2 minuty, następnie dobrze odsączyć i przepłukać zimną wodą. Rozgrzej olej i smaż cebulę na złoty kolor. Dodać mięso kraba i smażyć mieszając przez 2 minuty. Dodać chińskie liście i smażyć mieszając przez 4 minuty. Dodać sos sojowy, wino lub sherry oraz sól i dobrze wymieszać. Dodać bulion i skrobię kukurydzianą, doprowadzić do wrzenia i gotować na wolnym ogniu, mieszając, przez 2 minuty, aż sos będzie klarowny i zgęstnieje.

## Krab Foo Yung z kiełkami fasoli

Serwuje 4

6 jaj, ubitych
45 ml/3 łyżki mąki kukurydzianej (skrobia kukurydziana)
225 g mięsa kraba
100 g kiełków fasoli
2 dymki (szalotka), drobno posiekane
2,5 ml/¬Ω łyżeczki soli
45 ml / 3 łyżki oleju arachidowego (arachidowego).

Ubij jajka, a następnie ubij mąkę kukurydzianą. Połącz pozostałe składniki oprócz oleju. Rozgrzej olej i wlewaj po trochu mieszaninę na patelnię, aby uformować małe naleśniki o średnicy około 7,5 cm. Smażyć na złoty kolor od spodu, następnie obrócić i zrumienić z drugiej strony.

## Imbirowy Krab

### Serwuje 4

*15 ml/1 łyżka oleju arachidowego (arachidowego).*
*2 plasterki korzenia imbiru, posiekane*
*4 dymki (szalotka), posiekane*
*3 ząbki czosnku, zmiażdżone*
*1 czerwona papryka, posiekana*
*350g mięsa kraba, płatków*
*2,5 ml/¬Ω łyżeczki pasty rybnej*
*2,5 ml/¬Ω łyżeczki oleju sezamowego*
*15 ml/1 łyżka wina ryżowego lub wytrawnego sherry*
*5 ml/1 łyżeczka mąki kukurydzianej (skrobi kukurydzianej)*
*15ml/1 łyżka wody*

Rozgrzej olej i smaż imbir, dymkę, czosnek i chilli przez 2 minuty. Dodaj mięso kraba i mieszaj, aż dobrze pokryje się przyprawami. Połącz pastę rybną. Pozostałe składniki wymieszać na pastę, następnie wlać na patelnię i smażyć mieszając przez 1 minutę. Natychmiast podawaj.

*Krab Lo Mein*

Serwuje 4

*100 g kiełków fasoli*

*30 ml / 2 łyżki oleju arachidowego (arachidowego).*

*5ml/1 łyżeczka soli*

*1 cebula, pokrojona*

*100 g pieczarek pokrojonych w plasterki*

*225g mięsa kraba, płatków*

*100 g pędów bambusa, pokrojonych w plasterki*

*Podniesiony Makaron*

*30ml/2 łyżki sosu sojowego*

*5ml/1 łyżeczka cukru*

*5 ml/1 łyżeczka oleju sezamowego*

*sól i świeżo zmielony pieprz*

Blanszuj kiełki fasoli we wrzącej wodzie przez 5 minut, a następnie odcedź. Rozgrzej olej i smaż sól i cebulę, aż zmiękną. Dodać pieczarki i smażyć mieszając, aż zmiękną. Dodać mięso kraba i smażyć mieszając przez 2 minuty. Dodać kiełki fasoli i pędy bambusa i smażyć mieszając przez 1 minutę. Dodaj odsączony makaron na patelnię i delikatnie wymieszaj. Wymieszaj sos sojowy, cukier i olej sezamowy, dopraw solą i pieprzem. Mieszaj na patelni, aż będzie gorąca.

## Krab smażony z wieprzowiną

Serwuje 4

*30 ml / 2 łyżki oleju arachidowego (arachidowego).*
*100 g mielonej wieprzowiny (mielonej).*
*350g mięsa kraba, płatków*
*2 plasterki korzenia imbiru, posiekane*
*2 jajka, lekko ubite*
*15 ml/1 łyżka sosu sojowego*
*15 ml/1 łyżka wina ryżowego lub wytrawnego sherry*
*30ml/2 łyżki wody*
*sól i świeżo zmielony pieprz*
*4 dymki (szalotka), pokrojone w paski*

Rozgrzej olej i smaż wieprzowinę, aż lekko się zarumieni. Dodać mięso kraba i imbir i smażyć mieszając przez 1 minutę. Połącz jajka. Dodaj sos sojowy, wino lub sherry, wodę, sól i pieprz i gotuj na wolnym ogniu przez około 4 minuty, mieszając. Podawać udekorowane dymką.

*Smażone mięso kraba*

## Serwuje 4

*30 ml / 2 łyżki oleju arachidowego (arachidowego).*
*450g mięsa kraba, płatków*
*2 dymki (szalotka), posiekane*
*2 plasterki korzenia imbiru, posiekane*
*30ml/2 łyżki sosu sojowego*
*30 ml/2 łyżki wina ryżowego lub wytrawnego sherry*
*2,5 ml/¬Ω łyżeczki soli*
*15 ml/1 łyżka mąki kukurydzianej (skrobi kukurydzianej)*
*60 ml/4 łyżki wody*

Rozgrzej olej i smaż mięso kraba, dymkę i imbir przez 1 minutę. Dodaj sos sojowy, wino lub sherry i sól, przykryj i gotuj na wolnym ogniu przez 3 minuty. Wymieszaj mąkę kukurydzianą i wodę na pastę, wymieszaj na patelni i gotuj na wolnym ogniu, mieszając, aż sos stanie się klarowny i zgęstnieje.

*Smażone klopsiki z mątwy*

Serwuje 4

*450 g mątwy*

*50 g smalcu, rozgniecionego*

*1 białko jajka*

*2,5 ml/¬Ω łyżeczki cukru*

*2,5 ml/¬Ω łyżeczki mąki kukurydzianej (skrobi kukurydzianej)*

*sól i świeżo zmielony pieprz*

*olej do smażenia*

Oczyść mątwy i rozgnieć je lub zredukuj na miąższ. Wymieszaj ze smalcem, białkiem, cukrem i mąką kukurydzianą, dopraw solą i pieprzem. Wciśnij mieszaninę w kulki. Rozgrzej olej i smaż kulki z mątwy, w razie potrzeby partiami, aż unoszą się na oleju i nabiorą złocistego koloru. Dobrze odcedź i natychmiast podawaj.

## Homar po kantońsku

**Serwuje 4**

*2 homary*
*30 ml/2 łyżki oleju*
*15 ml/1 łyżka sosu z czarnej fasoli*
*1 ząbek czosnku, rozgnieciony*
*1 cebula, posiekana*
*225 g mielonej wieprzowiny (mielonej).*
*45 ml/3 łyżki sosu sojowego*
*5ml/1 łyżeczka cukru*
*sól i świeżo zmielony pieprz*
*15 ml/1 łyżka mąki kukurydzianej (skrobi kukurydzianej)*
*75 ml/5 łyżek wody*
*1 jajko, ubite*

Rozłóż homary, usuń mięso i pokrój w kostkę o boku 2,5 cm. Rozgrzej olej i podsmaż sos z czarnej fasoli, czosnek i cebulę na złoty kolor. Dodaj wieprzowinę i smaż, aż się zrumieni. Dodać sos sojowy, cukier, sól, pieprz i homara, przykryć i dusić około 10 minut. Zmieszaj mąkę kukurydzianą i wodę na pastę, wlej do rondla i gotuj na wolnym ogniu, mieszając, aż sos stanie się klarowny i zgęstnieje. Wyłącz ogień i wymieszaj z jajkiem przed podaniem.

*Smażony homar*

Serwuje 4

*450 g mięsa z homara*
*30ml/2 łyżki sosu sojowego*
*5ml/1 łyżeczka cukru*
*1 jajko, ubite*
*30 ml/3 łyżki mąki (uniwersalnej).*
*olej do smażenia*

Mięso homara pokroić w kostkę o boku 2,5 cm i doprawić sosem sojowym i cukrem. Odstaw na 15 minut, a następnie odcedź. Ubij jajko i mąkę, a następnie dodaj homara i dobrze wymieszaj, aby pokryć. Rozgrzać olej i smażyć homara na złoty kolor. Przed podaniem odsączyć na papierze kuchennym.

*Homar na parze z szynką*

Serwuje 4

*4 jajka, lekko ubite*

*60 ml/4 łyżki wody*

*5ml/1 łyżeczka soli*

*15 ml/1 łyżka sosu sojowego*

*450 g mięsa homara, płatków*

*15 ml/1 łyżka siekanej wędzonej szynki*

*15 ml/1 łyżka posiekanej świeżej pietruszki*

Ubij jajka z wodą, solą i sosem sojowym. Wlać do nieprzywierającej miski i posypać mięsem homara. Umieść miskę na stojaku w parowniku, przykryj i gotuj na parze przez 20 minut, aż jajka się zetną. Podawać udekorowane szynką i pietruszką.

## Homar Z Pieczarkami

Serwuje 4

450 g mięsa z homara

15 ml/1 łyżka mąki kukurydzianej (skrobi kukurydzianej)

60 ml/4 łyżki wody

30 ml / 2 łyżki oleju arachidowego (arachidowego).

4 dymki (szalotka), pokrojone w grube plastry

100 g pieczarek pokrojonych w plasterki

2,5 ml/¬Ω łyżeczki soli

1 ząbek czosnku, rozgnieciony

30ml/2 łyżki sosu sojowego

15 ml/1 łyżka wina ryżowego lub wytrawnego sherry

Mięso z homara pokroić w kostkę o boku 2,5 cm. Zmieszaj mąkę kukurydzianą i wodę w pastę i dodaj kostki homara do mieszanki, aby pokryć. Rozgrzej połowę oleju i smaż kostki homara, aż się lekko zrumienią, zdejmij je z patelni. Rozgrzać pozostały olej i smażyć dymki na złoty kolor. Dodać pieczarki i smażyć mieszając przez 3 minuty. Dodać sól, czosnek, sos sojowy i wino lub sherry i smażyć mieszając przez 2 minuty. Umieść homara z powrotem na patelni i smaż, mieszając, aż będzie gorący.

*Ogony homara z wieprzowiną*

Serwuje 4

*3 suszone grzyby chińskie*
*4 ogony homara*
*60 ml / 4 łyżki oleju arachidowego (arachidowego).*
*100 g mielonej wieprzowiny (mielonej).*
*50 g kasztanów wodnych, drobno posiekanych*
*sól i świeżo zmielony pieprz*
*2 ząbki czosnku, zmiażdżone*
*45 ml/3 łyżki sosu sojowego*
*30 ml/2 łyżki wina ryżowego lub wytrawnego sherry*
*30 ml/2 łyżki sosu z czarnej fasoli*
*10 ml/2 łyżki mąki kukurydzianej (skrobi kukurydzianej)*
*120 ml/4 fl oz/¬Ω filiżanka wody*

Grzyby moczymy przez 30 minut w ciepłej wodzie, następnie odcedzamy. Usuń łodygi i posiekaj kapelusze. Przetnij ogony homara na pół wzdłuż. Usuń mięso z ogonów homara, zachowując muszle. Rozgrzej połowę oleju i smaż wieprzowinę, aż się lekko zarumieni. Zdejmij z ognia i dodaj grzyby, mięso homara, kasztany wodne, sól i pieprz. Zamknąć mięso w muszlach homara i ułożyć je na blasze do pieczenia. Umieść na stojaku w naczyniu do gotowania na parze, przykryj i gotuj na parze przez około 20 minut, aż się ugotuje. W międzyczasie rozgrzej pozostały olej i podsmaż czosnek, sos sojowy, wino lub sos sherry z czarnej fasoli przez 2 minuty. Z mąki kukurydzianej i wody wyrobić ciasto, wlewamy na patelnię i gotujemy, mieszając, aż sos zgęstnieje. Ułóż homara na gorącym talerzu, polej sosem i natychmiast podawaj.

*Homar smażony na patelni*

Serwuje 4

*450g/1lb ogonów homara*

*30 ml / 2 łyżki oleju arachidowego (arachidowego).*

*1 ząbek czosnku, rozgnieciony*

*2,5 ml/¬Ω łyżeczki soli*

*350 g kiełków fasoli*

*50 g pieczarek*

*4 dymki (szalotka), pokrojone w grube plastry*

*150 ml/¬° pt/czubatą filiżankę bulionu drobiowego*

*15 ml/1 łyżka mąki kukurydzianej (skrobi kukurydzianej)*

Zagotuj wodę w garnku, dodaj ogony homara i gotuj przez 1 minutę. Odcedzić, ostudzić, zdjąć skorupkę i pokroić w grube plastry. Rozgrzej oliwę z czosnkiem i solą i smaż, aż czosnek się lekko zrumieni. Dodać homara i smażyć mieszając przez 1 minutę. Dodać kiełki fasoli i grzyby i smażyć mieszając przez 1 minutę. Połącz dymki. Dodaj większość bulionu, zagotuj, przykryj i gotuj przez 3 minuty. Wymieszaj mąkę kukurydzianą z pozostałym bulionem, wlej na patelnię i gotuj, mieszając, aż sos stanie się klarowny i zgęstnieje.

## gniazda homarów

Serwuje 4

*30 ml / 2 łyżki oleju arachidowego (arachidowego).*

*5ml/1 łyżeczka soli*

*1 cebula, cienko pokrojona*

*100 g pieczarek pokrojonych w plasterki*

*100 g pędów bambusa, pokrojonych w plastry 225 g gotowanego mięsa homara*

*15 ml/1 łyżka wina ryżowego lub wytrawnego sherry*

*120 ml/4 fl oz/¬Ω szklanka bulionu z kurczaka*

*szczypta świeżo zmielonego pieprzu*

*10 ml/2 łyżeczki mąki kukurydzianej (skrobi kukurydzianej)*

*15ml/1 łyżka wody*

*4 koszyczki makaronu*

Rozgrzej olej i smaż sól i cebulę, aż zmiękną. Dodać grzyby i pędy bambusa i smażyć mieszając przez 2 minuty. Dodaj mięso homara, wino lub sherry i bulion, zagotuj, przykryj i gotuj przez 2 minuty. Doprawić pieprzem. Mąkę kukurydzianą i wodę wymieszać na pastę, wymieszać na patelni i gotować mieszając, aż sos zgęstnieje. Ułóż gniazda z makaronem na ciepłym półmisku i połóż na nich smażonego homara.

## Małże w sosie z czarnej fasoli

Serwuje 4

*45 ml / 3 łyżki oleju arachidowego (arachidowego).*
*2 ząbki czosnku, zmiażdżone*
*2 plasterki korzenia imbiru, posiekane*
*30 ml/2 łyżki sosu z czarnej fasoli*
*15 ml/1 łyżka sosu sojowego*
*1,5 kg małży, umytych i brodatych*
*2 dymki (szalotka), posiekane*

Rozgrzej olej i smaż czosnek i imbir przez 30 sekund. Dodaj sos z czarnej fasoli i sos sojowy i smaż przez 10 sekund. Dodaj małże, przykryj i gotuj przez około 6 minut, aż małże się otworzą. Odrzuć te, które pozostają zamknięte. Przełożyć do ciepłego naczynia do serwowania i podawać posypane dymką.

## Małże Z Imbirem

Serwuje 4

*45 ml / 3 łyżki oleju arachidowego (arachidowego).*
*2 ząbki czosnku, zmiażdżone*
*4 plastry korzenia imbiru, posiekane*
*1,5 kg małży, umytych i brodatych*
*45 ml/3 łyżki wody*
*15 ml/1 łyżka sosu ostrygowego*

Rozgrzej olej i smaż czosnek i imbir przez 30 sekund. Dodaj małże i wodę, przykryj i gotuj przez około 6 minut, aż małże się otworzą. Odrzuć te, które pozostają zamknięte. Przełożyć na ciepły talerz i podawać polane sosem ostrygowym.

*Małże Na Parze*

Serwuje 4

*1,5 kg małży, umytych i brodatych*
*45 ml/3 łyżki sosu sojowego*
*3 dymki (szalotka), drobno posiekane*

Ułóż małże na ruszcie w naczyniu do gotowania na parze, przykryj i gotuj na parze we wrzącej wodzie przez około 10 minut, aż wszystkie małże się otworzą. Odrzuć te, które pozostają zamknięte. Przełożyć na ciepły talerz i podawać polane sosem sojowym i dymką.

*Smażone ostrygi*

Serwuje 4

*24 ostrygi bez skorupek*
*sól i świeżo zmielony pieprz*
*1 jajko, ubite*
*50 g / 2 uncje / ¬Ω filiżanka mąki pełnoziarnistej (uniwersalnej).*
*250ml/8 fl oz/1 szklanka wody*
*olej do smażenia*
*4 dymki (szalotka), posiekane*

Posyp ostrygi solą i pieprzem. Ubij jajko z mąką i wodą, aż uzyskasz ciasto, którym posmarujesz ostrygi. Rozgrzej olej i smaż ostrygi na złoty kolor. Odcedź na papierze kuchennym i podawaj udekorowane dymką.

## Ostrygi Z Boczkiem

Serwuje 4

*175 g boczku*
*24 ostrygi bez skorupek*
*1 jajko, lekko ubite*
*15ml/1 łyżka wody*
*45 ml / 3 łyżki oleju arachidowego (arachidowego).*
*2 cebule, posiekane*
*15 ml/1 łyżka mąki kukurydzianej (skrobi kukurydzianej)*
*15 ml/1 łyżka sosu sojowego*
*90 ml/6 łyżek bulionu z kurczaka*

Boczek pokroić na kawałki i zawinąć po jednym kawałku wokół każdej ostrygi. Ubij jajko z wodą, a następnie zanurz w ostrygach, aby się pokryły. Rozgrzej połowę oleju i smaż ostrygi z obu stron na złoty kolor, następnie zdejmij je z patelni i odsącz z tłuszczu. Rozgrzej pozostały olej i smaż cebulę, aż się zeszkli. Wymieszaj skrobię kukurydzianą, sos sojowy i bulion na pastę, wlej na patelnię i gotuj na wolnym ogniu, mieszając, aż sos stanie się klarowny i zgęstnieje. Polej ostrygi i od razu podawaj.

## Smażone Ostrygi Z Imbirem

Serwuje 4

*24 ostrygi bez skorupek*
*2 plasterki korzenia imbiru, posiekane*
*30ml/2 łyżki sosu sojowego*
*15 ml/1 łyżka wina ryżowego lub wytrawnego sherry*
*4 dymki (szalotka), pokrojone w paski*
*100 g boczku*
*1 jajko*
*50 g / 2 uncje / ¬Ω filiżanka mąki pełnoziarnistej (uniwersalnej).*
*sól i świeżo zmielony pieprz*
*olej do smażenia*
*1 cytryna, pokrojona w kliny*

Włóż ostrygi do miski z imbirem, sosem sojowym i winem lub sherry i dobrze wymieszaj, aby się pokryły. Pozostaw na 30 minut, aby odpoczęło. Na wierzchu każdej ostrygi ułożyć kilka pasków dymki. Boczek pokroić na kawałki i zawinąć po jednym kawałku wokół każdej ostrygi. Jajko i mąkę ubić na puszystą masę, doprawić solą i pieprzem. Zanurz ostrygi w cieście, aż będą dobrze pokryte. Rozgrzej olej i smaż ostrygi na złoty kolor. Podawać udekorowane ćwiartkami cytryny.

*Ostrygi z sosem z czarnej fasoli*

Serwuje 4

*350 g ostryg w skorupkach*
*120 ml/4 fl oz/¬Ω filiżanka oleju z orzeszków ziemnych.*
*2 ząbki czosnku, zmiażdżone*
*3 dymki (szalotka), pokrojone w plasterki*
*15 ml/1 łyżka sosu z czarnej fasoli*
*30 ml/2 łyżki ciemnego sosu sojowego*
*15 ml/1 łyżka oleju sezamowego*
*szczypta chilli w proszku*

Blanszuj ostrygi we wrzącej wodzie przez 30 sekund, a następnie odsącz. Rozgrzej olej i smaż czosnek i dymkę przez 30 sekund. Dodaj sos z czarnej fasoli, sos sojowy, olej sezamowy i ostrygi i dopraw chili w proszku do smaku. Smaż, aż będzie gorący i podawaj natychmiast.

*Przegrzebki z pędami bambusa*

Serwuje 4

60 ml / 4 łyżki oleju arachidowego (arachidowego).

6 cebul dymek (szallion), posiekanych

225 g pieczarek, pokrojonych w ćwiartki

15 ml/1 łyżka cukru

450 g obranych przegrzebków

2 plasterki korzenia imbiru, posiekane

225 g pędów bambusa, pokrojonych w plastry

sól i świeżo zmielony pieprz

300 ml/¬Ω pt/1 ¬° szklanki wody

30 ml/2 łyżki octu winnego

30 ml/2 łyżki mąki kukurydzianej (skrobi kukurydzianej)

150 ml/¬° pt/duży ¬Ω kubek wody

45 ml/3 łyżki sosu sojowego

Rozgrzać olej i smażyć dymkę i pieczarki przez 2 minuty. Dodaj cukier, przegrzebki, imbir, pędy bambusa, sól i pieprz, przykryj i gotuj przez 5 minut. Dodaj wodę i ocet winny, zagotuj, przykryj i gotuj przez 5 minut. Mąkę kukurydzianą i wodę zmiksować na pastę, wymieszać na patelni i gotować na wolnym ogniu, mieszając, aż sos zgęstnieje. Skrop sosem sojowym i podawaj.

*Przegrzebki Z Jajkiem*

Serwuje 4

*45 ml / 3 łyżki oleju arachidowego (arachidowego).*
*350 g obranych przegrzebków*
*25 g szynki wędzonej, mielonej*
*30 ml/2 łyżki wina ryżowego lub wytrawnego sherry*
*5ml/1 łyżeczka cukru*
*2,5 ml/¬Ω łyżeczki soli*
*szczypta świeżo zmielonego pieprzu*
*2 jajka, lekko ubite*
*15 ml/1 łyżka sosu sojowego*

Rozgrzej olej i smaż przegrzebki przez 30 sekund. Dodać szynkę i smażyć mieszając przez 1 minutę. Dodać wino lub sherry, cukier, sól i pieprz i smażyć mieszając przez 1 minutę. Dodaj jajka i delikatnie mieszaj na dużym ogniu, aż składniki dobrze pokryją się jajkiem. Podawać polane sosem sojowym.

*Przegrzebki Z Brokułami*

Serwuje 4

*350 g przegrzebków, pokrojonych w plastry*

*3 plastry korzenia imbiru, posiekane*

*¬Ω mała marchewka pokrojona w plasterki*

*1 ząbek czosnku, rozgnieciony*

*45 ml/3 łyżki mąki (uniwersalnej).*

*2,5 ml / ¬Ω łyżeczki sody oczyszczonej (sody oczyszczonej)*

*30 ml / 2 łyżki oleju arachidowego (arachidowego).*

*15ml/1 łyżka wody*

*1 banan, pokrojony*

*olej do smażenia*

*275 g brokułów*

*sól*

*5 ml/1 łyżeczka oleju sezamowego*

*2,5 ml/¬Ω łyżeczki sosu chili*

*2,5 ml/¬Ω łyżeczki octu winnego*

*2,5 ml / ¬Ω łyżeczka koncentratu pomidorowego√©e (pasta)*

Przegrzebki wymieszać z imbirem, marchewką i czosnkiem i odstawić. Z mąki, sody oczyszczonej, 15 ml/1 łyżki stołowej oleju i wody zagnieść ciasto i posmarować nim plasterki banana. Rozgrzej olej i usmaż banana na złoty kolor, następnie odsącz i ułóż wokół gorącego półmiska. W międzyczasie ugotuj brokuły we wrzącej, osolonej wodzie, aż będą miękkie, a następnie odcedź. Resztę oleju rozgrzewamy z olejem sezamowym i krótko podsmażamy brokuły, po czym układamy je wokół talerza z bananami. Dodaj sos chili, ocet winny i koncentrat pomidorowy na patelnię i smaż przegrzebki, aż się ugotują. Wylej na talerz do serwowania i natychmiast podawaj.

## Przegrzebki Z Imbirem

Serwuje 4

*45 ml / 3 łyżki oleju arachidowego (arachidowego).*
*2,5 ml/¬Ω łyżeczki soli*
*3 plastry korzenia imbiru, posiekane*
*2 dymki (szalotka), pokrojone w grube plastry*
*450 g przegrzebków bez skorupek, przekrojonych na pół*
*15 ml/1 łyżka mąki kukurydzianej (skrobi kukurydzianej)*
*60 ml/4 łyżki wody*

Rozgrzej olej i smaż sól i imbir przez 30 sekund. Dodać dymkę i smażyć na złoty kolor. Dodać przegrzebki i smażyć mieszając przez 3 minuty. Wymieszaj mąkę kukurydzianą i wodę na pastę, dodaj do garnka i gotuj na wolnym ogniu, mieszając, aż zgęstnieje. Natychmiast podawaj.

*Przegrzebki z szynką*

## Serwuje 4

*450 g przegrzebków bez skorupek, przekrojonych na pół*
*250 ml/8 fl oz/1 szklanka wina ryżowego lub wytrawnego sherry*
*1 cebula, drobno posiekana*
*2 plasterki korzenia imbiru, posiekane*
*2,5 ml/¬Ω łyżeczki soli*
*100 g szynki wędzonej, mielonej*

Umieść przegrzebki w misce i dodaj wino lub sherry. Przykryj i marynuj przez 30 minut, obracając od czasu do czasu, a następnie odsącz przegrzebki i wylej marynatę. Ułóż przegrzebki w żaroodpornym naczyniu z pozostałymi składnikami. Umieść patelnię na stojaku w naczyniu do gotowania na parze, przykryj i gotuj na parze we wrzącej wodzie przez około 6 minut, aż przegrzebki będą miękkie.

*Mieszanka Ziołowych Przegrzebków*

Serwuje 4

*225 g obranych przegrzebków*
*30 ml / 2 łyżki posiekanej świeżej kolendry*
*4 jajka, ubite*
*15 ml/1 łyżka wina ryżowego lub wytrawnego sherry*
*sól i świeżo zmielony pieprz*
*15 ml/1 łyżka oleju arachidowego (arachidowego).*

Umieść przegrzebki w parowarze i gotuj na parze przez około 3 minuty, aż się ugotują, w zależności od wielkości. Wyjąć z parowaru i posypać kolendrą. Ubij jajka z winem lub sherry i dopraw do smaku solą i pieprzem. Połącz przegrzebki i kolendrę. Rozgrzej olej i smaż mieszankę jajek i przegrzebków, ciągle mieszając, aż jajka się zetną. Natychmiast podawaj.

*Przegrzebki i cebula smażone*

Serwuje 4

*45 ml / 3 łyżki oleju arachidowego (arachidowego).*
*1 cebula, pokrojona*
*450 g przegrzebków bez skorupek, pokrojonych na ćwiartki*
*sól i świeżo zmielony pieprz*
*15 ml/1 łyżka wina ryżowego lub wytrawnego sherry*

Rozgrzej olej i smaż cebulę, aż się zeszkli. Dodać przegrzebki i smażyć mieszając, aż się zrumienią. Dopraw solą i pieprzem, polej winem lub sherry i natychmiast podawaj.

## Przegrzebki Z Warzywami

Serwuje 4,6

*4 suszone grzyby chińskie*
*2 cebule*
*30 ml / 2 łyżki oleju arachidowego (arachidowego).*
*3 łodygi selera, pokrojone ukośnie*
*225 g zielonej fasoli, pokrojonej po przekątnej*
*10 ml/2 łyżeczki startego korzenia imbiru*
*1 ząbek czosnku, rozgnieciony*
*20ml/4 łyżeczki mąki kukurydzianej (skrobia kukurydziana)*
*250 ml/8 fl oz/1 szklanka bulionu z kurczaka*
*30 ml/2 łyżki wina ryżowego lub wytrawnego sherry*
*30ml/2 łyżki sosu sojowego*
*450 g przegrzebków bez skorupek, pokrojonych na ćwiartki*
*6 cebul dymek (szalotka), pokrojonych w plasterki*
*425 g / 15 uncji kolby kukurydzy w puszce*

Grzyby moczymy przez 30 minut w ciepłej wodzie, następnie odcedzamy. Usuń łodygi i pokrój kapelusze. Cebule kroimy w ósemki i rozdzielamy warstwy. Rozgrzej olej i smaż cebulę, seler, fasolę, imbir i czosnek przez 3 minuty. Zmieszaj mąkę kukurydzianą z niewielką ilością bulionu, a następnie dodaj pozostały bulion, wino lub sherry i sos sojowy. Dodać do woka i zagotować, mieszając. Dodaj grzyby, przegrzebki, dymkę i kukurydzę i smaż około 5 minut, aż przegrzebki będą miękkie.

## Przegrzebki Z Pieprzami

Serwuje 4

*30 ml / 2 łyżki oleju arachidowego (arachidowego).*
*3 dymki (szalotka), posiekane*
*1 ząbek czosnku, rozgnieciony*
*2 plasterki korzenia imbiru, posiekane*
*2 czerwone papryki, pokrojone w kostkę*
*450 g obranych przegrzebków*
*30 ml/2 łyżki wina ryżowego lub wytrawnego sherry*
*15 ml/1 łyżka sosu sojowego*
*15 ml/1 łyżka sosu z żółtej fasoli*
*5ml/1 łyżeczka cukru*
*5 ml/1 łyżeczka oleju sezamowego*

Rozgrzej olej i smaż dymkę, czosnek i imbir przez 30 sekund. Dodaj papryki i smaż przez 1 minutę. Dodaj przegrzebki i smaż przez 30 sekund, następnie dodaj pozostałe składniki i gotuj przez około 3 minuty, aż przegrzebki będą miękkie.

*Kalmary z kiełkami fasoli*

Serwuje 4

*450 g kalmarów*

*30 ml / 2 łyżki oleju arachidowego (arachidowego).*

*15 ml/1 łyżka wina ryżowego lub wytrawnego sherry*

*100 g kiełków fasoli*

*15 ml/1 łyżka sosu sojowego*

*sól*

*1 czerwona papryka, posiekana*

*2 plasterki korzenia imbiru, posiekane*

*2 dymki (szalotka), posiekane*

Usuń głowę, osłonkę i błonę z kałamarnicy i pokrój je na duże kawałki. Na każdym kawałku wytnij wzór na krzyż. Zagotuj wodę w garnku, dodaj kalmary i gotuj na wolnym ogniu, aż kawałki się zwiną, następnie odcedź i odsącz. Rozgrzej połowę oleju i szybko usmaż kalmary. Zdeglasować winem lub sherry. W międzyczasie rozgrzej pozostały olej i smaż kiełki fasoli, aż będą miękkie. Doprawiamy sosem sojowym i solą. Ułóż chili, imbir i dymkę wokół półmiska. Umieść kiełki fasoli na środku i umieść kalmary na wierzchu. Natychmiast podawaj.

*Smażona kałamarnica*

Serwuje 4

*50 g mąki pszennej (uniwersalnej).*

*25 g/1 oz/¬° szklanki mąki kukurydzianej (skrobi kukurydzianej)*

*2,5 ml/¬Ω łyżeczki proszku do pieczenia*

*2,5 ml/¬Ω łyżeczki soli*

*1 jajko*

*75 ml/5 łyżek wody*

*15 ml/1 łyżka oleju arachidowego (arachidowego).*

*450 g kalmarów, pokrojonych w pierścienie*

*olej do smażenia*

Wymieszaj mąkę, skrobię kukurydzianą, proszek do pieczenia, sól, jajko, wodę i olej, aby uzyskać ciasto. Zanurz kalmary w cieście, aż będą dobrze pokryte. Rozgrzej olej i smaż kalmary po kilka kawałków na raz na złoty kolor. Przed podaniem odsączyć na papierze kuchennym.

*Paczki Kałamarnicy*

Serwuje 4

*8 suszonych grzybów chińskich*
*450 g kalmarów*
*100 g wędzonej szynki*
*100 g tofu*
*1 jajko, ubite*
*15 ml/1 łyżka mąki (uniwersalnej).*
*2,5 ml/¬Ω łyżeczki cukru*
*2,5 ml/¬Ω łyżeczki oleju sezamowego*
*sól i świeżo zmielony pieprz*
*8 wontonowych skórek*
*olej do smażenia*

Grzyby moczymy przez 30 minut w ciepłej wodzie, następnie odcedzamy. Odrzuć łodygi. Oczyść kalmary i pokrój je na 8 kawałków. Szynkę i tofu pokroić na 8 kawałków. Umieść je wszystkie w jednej misce. Jajko wymieszać z mąką, cukrem, olejem sezamowym, solą i pieprzem. Wlej składniki do miski i delikatnie wymieszaj. Ułóż po jednym grzybie i po kawałku kalmara, szynki i tofu tuż pod środkiem każdej wontonowej skórki. Zagnij dolny róg, zawiń boki, a następnie zwiń, zwilż brzegi wodą, aby się skleiły. Rozgrzej olej i smaż pączki przez około 8 minut na złoty kolor. Dobrze odcedź przed podaniem.

*Roladki Smażone Kalmary*

Serwuje 4

*45 ml / 3 łyżki oleju arachidowego (arachidowego).*
*225 g krążków kalmarów*

*1 duża zielona papryka, pokrojona na kawałki*
*100 g pędów bambusa, pokrojonych w plasterki*
*2 dymki (szalotka), drobno posiekane*
*1 plaster korzenia imbiru, drobno posiekany*
*45ml/2 łyżki sosu sojowego*
*30 ml/2 łyżki wina ryżowego lub wytrawnego sherry*
*15 ml/1 łyżka mąki kukurydzianej (skrobi kukurydzianej)*
*15 ml/1 łyżka bulionu rybnego lub wody*
*5ml/1 łyżeczka cukru*
*5 ml/1 łyżeczka octu winnego*
*5 ml/1 łyżeczka oleju sezamowego*
*sól i świeżo zmielony pieprz*

Podgrzej 15 ml/1 łyżkę oleju i szybko usmaż krążki kalmarów, aż będą szczelnie zamknięte. W międzyczasie na osobnej patelni rozgrzej pozostały olej i podsmaż paprykę, pędy bambusa, dymkę i imbir przez 2 minuty. Dodać kalmary i smażyć mieszając przez 1 minutę. Połącz sos sojowy, wino lub sherry, skrobię kukurydzianą, bulion, cukier, ocet winny i olej sezamowy, dopraw solą i pieprzem. Smażyć, aż sos się wyklaruje i zgęstnieje.

*Smażone kalmary*

## Serwuje 4

*45 ml / 3 łyżki oleju arachidowego (arachidowego).*
*3 dymki (szalotka), pokrojone w grube plastry*
*2 plasterki korzenia imbiru, posiekane*
*450 g kalmarów, pokrojonych na kawałki*
*15 ml/1 łyżka sosu sojowego*
*15 ml/1 łyżka wina ryżowego lub wytrawnego sherry*
*5 ml/1 łyżeczka mąki kukurydzianej (skrobi kukurydzianej)*
*15ml/1 łyżka wody*

Rozgrzać olej i smażyć dymkę i imbir, aż zmiękną. Dodać kalmary i smażyć mieszając, aż pokryją się olejem. Dodaj sos sojowy i wino lub sherry, przykryj i gotuj na wolnym ogniu przez 2 minuty. Mąkę kukurydzianą i wodę wymieszać na pastę, dodać do garnka i gotować mieszając, aż sos zgęstnieje, a kalmary będą miękkie.

*Kalmary Z Wysuszonymi Pieczarkami*

## Serwuje 4

*50 g suszonych grzybów chińskich*

*450 g/1 funt krążków kalmarów*

*45 ml / 3 łyżki oleju arachidowego (arachidowego).*

*45 ml/3 łyżki sosu sojowego*

*2 dymki (szalotka), drobno posiekane*

*1 plasterek korzenia imbiru, posiekany*

*225 g pędów bambusa, pokrojonych w paski*

*30 ml/2 łyżki mąki kukurydzianej (skrobi kukurydzianej)*

*150 ml/¬° pt/dobra ¬Ω filiżanka bulionu rybnego*

Grzyby moczymy przez 30 minut w ciepłej wodzie, następnie odcedzamy. Usuń łodygi i pokrój kapelusze. Blanszuj krążki kalmarów przez kilka sekund we wrzącej wodzie. Rozgrzej olej, następnie dodaj grzyby, sos sojowy, dymkę i imbir i smaż przez 2 minuty. Dodać kalmary i pędy bambusa i smażyć mieszając przez 2 minuty. Wymieszaj skrobię kukurydzianą i bulion i zamieszaj na patelni. Dusić, mieszając, aż sos się wyklaruje i zgęstnieje.

Kalmary Z Warzywami

Serwuje 4

*45 ml / 3 łyżki oleju arachidowego (arachidowego).*

1 cebula, pokrojona

5ml/1 łyżeczka soli

450 g kalmarów, pokrojonych na kawałki

100 g pędów bambusa, pokrojonych w plasterki

2 łodygi selera, pokrojone ukośnie

60 ml/4 łyżki bulionu z kurczaka

5ml/1 łyżeczka cukru

100g groszku cukrowego (śnieżnego groszku)

5 ml/ 1 łyżeczka mąki kukurydzianej (skrobi kukurydzianej)

15ml/1 łyżka wody

Rozgrzej olej i smaż cebulę i sól na złoty kolor. Dodaj kalmary i smaż, aż pokryją się olejem. Dodać pędy bambusa i seler i smażyć mieszając przez 3 minuty. Dodaj bulion i cukier, zagotuj, przykryj i gotuj na wolnym ogniu przez 3 minuty, aż warzywa będą miękkie. Połącz mangeut. Mąkę kukurydzianą i wodę wymieszać na pastę, wymieszać na patelni i gotować mieszając, aż sos zgęstnieje.

Duszona wołowina z anyżem

Serwuje 4

30 ml / 2 łyżki oleju arachidowego (arachidowego).

450 g/1 lb stek wołowy

1 ząbek czosnku, rozgnieciony

*45 ml/3 łyżki sosu sojowego*

*15ml/1 łyżka wody*

*15 ml/1 łyżka wina ryżowego lub wytrawnego sherry*

*5ml/1 łyżeczka soli*

*5ml/1 łyżeczka cukru*

*2 ząbki anyżu gwiazdkowatego*

Rozgrzej olej i smaż mięso ze wszystkich stron na złoty kolor. Dodaj pozostałe składniki, zagotuj, przykryj i gotuj na wolnym ogniu przez około 45 minut, następnie obróć mięso, dodając jeszcze trochę wody i sosu sojowego, jeśli mięso wysycha. Gotuj jeszcze 45 minut, aż mięso będzie miękkie. Przed podaniem wyrzuć anyż gwiazdkowaty.

*Wołowina ze szparagami*

Serwuje 4

*450 g wołowiny z wierzchu, pokrojonej w kostkę*

*30ml/2 łyżki sosu sojowego*

*30 ml/2 łyżki wina ryżowego lub wytrawnego sherry*

*45 ml/3 łyżki mąki kukurydzianej (skrobia kukurydziana)*

*45 ml / 3 łyżki oleju arachidowego (arachidowego).*

*5ml/1 łyżeczka soli*

*1 ząbek czosnku, rozgnieciony*

*350 g główek szparagów*

*120 ml/4 fl oz/¬Ω szklanka bulionu z kurczaka*

*15 ml/1 łyżka sosu sojowego*

Umieść stek w misce. Wymieszaj sos sojowy, wino lub sherry i 30 ml/2 łyżki skrobi kukurydzianej, polej stek i dobrze wymieszaj. Pozostaw do marynowania na 30 minut. Rozgrzej olej z solą i czosnkiem i smaż, aż czosnek się lekko zrumieni. Dodać wołowinę i marynatę i smażyć mieszając przez 4 minuty. Dodaj szparagi i smaż je na patelni przez 2 minuty. Dodaj bulion i sos sojowy, zagotuj i gotuj na wolnym ogniu, mieszając przez 3 minuty, aż wołowina się ugotuje. Wymieszaj pozostałą mąkę kukurydzianą z odrobiną wody lub bulionu i dodaj do sosu. Dusić, mieszając, przez kilka minut, aż sos się wyklaruje i zgęstnieje.

*Wołowina z pędami bambusa*

Serwuje 4

*45 ml / 3 łyżki oleju arachidowego (arachidowego).*

*1 ząbek czosnku, rozgnieciony*

*1 dymka (szalotka), posiekana*
*1 plasterek korzenia imbiru, posiekany*
*225 g chudej wołowiny, pokrojonej w paski*
*100 g pędów bambusa*
*45 ml/3 łyżki sosu sojowego*
*15 ml/1 łyżka wina ryżowego lub wytrawnego sherry*
*5 ml/1 łyżeczka mąki kukurydzianej (skrobi kukurydzianej)*

Rozgrzej olej i podsmaż czosnek, cebulę dymkę i imbir na złoty kolor. Dodać wołowinę i smażyć mieszając przez 4 minuty, aż się zrumieni. Dodać pędy bambusa i smażyć mieszając przez 3 minuty. Dodać sos sojowy, wino lub sherry oraz mąkę kukurydzianą i smażyć mieszając przez 4 minuty.

*Wołowina z pędami bambusa i grzybami*

Serwuje 4

*225 g chudej wołowiny*
*45 ml / 3 łyżki oleju arachidowego (arachidowego).*
*1 plasterek korzenia imbiru, posiekany*

*100 g pędów bambusa, pokrojonych w plasterki*
*100 g pieczarek pokrojonych w plasterki*
*45 ml/3 łyżki wina ryżowego lub wytrawnego sherry*
*5ml/1 łyżeczka cukru*
*10 ml/2 łyżeczki sosu sojowego*
*sól i pieprz*
*120 ml/4 fl oz/¬Ω szklanka bulionu wołowego*
*15 ml/1 łyżka mąki kukurydzianej (skrobi kukurydzianej)*
*30ml/2 łyżki wody*

Mięso kroimy cienko w poprzek włókien. Rozgrzej olej i smaż imbir przez kilka sekund. Dodać wołowinę i smażyć mieszając, aż się zrumieni. Dodać pędy bambusa i grzyby i smażyć mieszając przez 1 minutę. Dodaj wino lub sherry, cukier i sos sojowy, dopraw solą i pieprzem. Dodać bulion, doprowadzić do wrzenia, przykryć i gotować na wolnym ogniu przez 3 minuty. Mąkę kukurydzianą mieszamy z wodą, wlewamy do garnka i gotujemy, mieszając, aż sos zgęstnieje.

*Duszona chińska wołowina*

Serwuje 4

*45 ml / 3 łyżki oleju arachidowego (arachidowego).*
*900 gramów steku wołowego*
*1 dymka (szalotka), pokrojona w plasterki*

*1 ząbek czosnku, posiekany*

*1 plasterek korzenia imbiru, posiekany*

*60 ml/4 łyżki sosu sojowego*

*30 ml/2 łyżki wina ryżowego lub wytrawnego sherry*

*5ml/1 łyżeczka cukru*

*5ml/1 łyżeczka soli*

*szczypta pieprzu*

*750 ml/1° pts/3 szklanki wrzącej wody*

Rozgrzej olej i szybko obsmaż mięso ze wszystkich stron. Dodaj dymkę, czosnek, imbir, sos sojowy, wino lub sherry, cukier, sól i pieprz. Doprowadzić do wrzenia, mieszając. Dodać wrzącą wodę, ponownie doprowadzić do wrzenia, mieszając, następnie przykryć i gotować na wolnym ogniu przez około 2 godziny, aż mięso będzie miękkie.

*Wołowina z kiełkami fasoli*

Serwuje 4

*450g chudej wołowiny, pokrojonej w plastry*

*1 białko jajka*

*30 ml / 2 łyżki oleju arachidowego (arachidowego).*

*15 ml/1 łyżka mąki kukurydzianej (skrobi kukurydzianej)*

*15 ml/1 łyżka sosu sojowego*

*100 g kiełków fasoli*

*25 g kapusty kiszonej, startej*

*1 czerwona papryka, posiekana*

*2 dymki (szalotka), posiekane*

*2 plasterki korzenia imbiru, posiekane*

*sól*

*5 ml/1 łyżeczka sosu ostrygowego*

*5 ml/1 łyżeczka oleju sezamowego*

Mięso wymieszać z białkiem, połową oleju, skrobią kukurydzianą i sosem sojowym i odstawić na 30 minut. Blanszuj kiełki fasoli we wrzącej wodzie przez około 8 minut, aż będą prawie miękkie, a następnie odcedź. Rozgrzej pozostały olej i smaż mięso, aż się lekko zrumieni, a następnie zdejmij z patelni. Dodać kapustę, czerwoną paprykę, imbir, sól, sos ostrygowy i olej sezamowy i smażyć mieszając przez 2 minuty. Dodać kiełki fasoli i smażyć mieszając przez 2 minuty. Umieść wołowinę z powrotem na patelni i smaż, mieszając, aż dobrze się wymiesza i podgrzeje. Natychmiast podawaj.

*Wołowina z brokułami*

Serwuje 4

*450 g/1 funt wołowiny, cienko pokrojonej*
*30 ml/2 łyżki mąki kukurydzianej (skrobi kukurydzianej)*
*15 ml/1 łyżka wina ryżowego lub wytrawnego sherry*
*15 ml/1 łyżka sosu sojowego*
*30 ml / 2 łyżki oleju arachidowego (arachidowego).*
*5ml/1 łyżeczka soli*
*1 ząbek czosnku, rozgnieciony*
*225 g/8 uncji różyczek brokuła*
*150 ml/¬° pt/czubaty ¬Ω kubek bulionu wołowego*

Umieść stek w misce. Wymieszaj 15 ml/1 łyżkę skrobi kukurydzianej z winem lub sosem sherry-sojowym, dodaj mięso i pozostaw do zamarynowania na 30 minut. Rozgrzej olej z solą i czosnkiem i smaż, aż czosnek się lekko zrumieni. Dodać stek i marynatę i smażyć mieszając przez 4 minuty. Dodać brokuły i smażyć mieszając przez 3 minuty. Dodaj bulion, zagotuj, przykryj i gotuj na wolnym ogniu przez 5 minut, aż brokuły będą miękkie, ale nadal chrupiące. Pozostałą mąkę kukurydzianą wymieszać z odrobiną wody i dodać do sosu. Dusić, mieszając, aż sos się wyklaruje i zgęstnieje.

## Sezamowa Wołowina Z Brokułami

Serwuje 4

*150 g chudej wołowiny, cienko pokrojonej*

*2,5 ml/¬Ω łyżeczki sosu ostrygowego*

*5 ml/1 łyżeczka mąki kukurydzianej (skrobi kukurydzianej)*

*5 ml/1 łyżeczka octu z białego wina*

*60 ml / 4 łyżki oleju arachidowego (arachidowego).*

*100 g różyczek brokuła*

*5 ml/1 łyżeczka sosu rybnego*

*2,5 ml/¬Ω łyżeczki sosu sojowego*

*250 ml/8 uncji/1 szklanka bulionu wołowego*

*30ml/2 łyżki sezamu*

Mięso marynować w sosie ostrygowym, 2,5 ml/łyżeczce skrobi kukurydzianej, 2,5 ml/łyżeczce octu winnego i 15 ml/1 łyżce oleju przez 1 godzinę.

W międzyczasie podgrzej 15 ml/1 łyżkę oleju, dodaj brokuły, 2,5 ml/łyżkę sosu rybnego, sos sojowy i pozostały ocet winny i po prostu zalej wrzątkiem. Gotuj przez około 10 minut, aż będą miękkie.

Na osobnej patelni rozgrzej 30 ml/2 łyżki oleju i krótko podsmaż wołowinę, aż się zapiecze. Dodaj bulion, pozostałą mąkę kukurydzianą i sos rybny, zagotuj, przykryj i gotuj na wolnym ogniu przez około 10 minut, aż mięso będzie miękkie. Odcedź brokuły i ułóż je na ciepłym talerzu. Posyp mięsem i obficie posyp sezamem.

*Grillowana wołowina*

Serwuje 4

*450 g chudego steku, pokrojonego w plastry*
*60 ml/4 łyżki sosu sojowego*
*2 ząbki czosnku, zmiażdżone*
*5ml/1 łyżeczka soli*
*2,5 ml/¬Ω łyżeczki świeżo zmielonego pieprzu*

*10 ml/2 łyżeczki cukru*

Wymieszaj wszystkie składniki i pozostaw do zamarynowania na 3 godziny. Grillować lub grillować (smażyć) na gorącym grillu przez około 5 minut z każdej strony.

*Wołowina po kantońsku*

Serwuje 4

*30 ml/2 łyżki mąki kukurydzianej (skrobi kukurydzianej)*
*2 ubite białka jaj*
*450 g steku, pokrojonego w paski*
*olej do smażenia*
*4 łodygi selera pokrojone w plasterki*
*2 cebule, pokrojone w plasterki*

*60 ml/4 łyżki wody*

*20 ml/4 łyżeczki soli*

*75ml/5 łyżek sosu sojowego*

*60 ml/4 łyżki wina ryżowego lub wytrawnego sherry*

*30 ml / 2 łyżki cukru*

*świeżo mielony pieprz*

Połowę mąki ziemniaczanej wymieszać z białkami. Dodać stek i wymieszać, aby mięso pokryło się cieście. Rozgrzej olej i smaż stek na złoty kolor. Zdjąć z patelni i odsączyć na papierze kuchennym. Podgrzej 15 ml/1 łyżkę oleju i smaż seler i cebulę przez 3 minuty. Dodać mięso, wodę, sól, sos sojowy, wino lub sherry oraz cukier i doprawić pieprzem. Doprowadzić do wrzenia i gotować, mieszając, aż sos zgęstnieje.

*Wołowina Z Marchewkami*

Serwuje 4

*30 ml / 2 łyżki oleju arachidowego (arachidowego).*

*450 g chudej wołowiny, pokrojonej w kostkę*

*2 dymki (szalotka), pokrojone w plasterki*

*2 ząbki czosnku, zmiażdżone*

*1 plasterek korzenia imbiru, posiekany*

*250ml/8 fl oz/1 szklanka sosu sojowego*

*30 ml/2 łyżki wina ryżowego lub wytrawnego sherry*

*30 ml/2 łyżki brązowego cukru*

*5ml/1 łyżeczka soli*

*600 ml/1 pt/2 ¬Ω szklanki wody*

*4 marchewki, pokrojone po przekątnej*

Rozgrzej olej i smaż mięso na złoty kolor. Odsącz nadmiar oleju i dodaj dymkę, czosnek, imbir i anyż i smaż przez 2 minuty. Dodaj sos sojowy, wino lub sherry, cukier i sól i dobrze wymieszaj. Dodaj wodę, zagotuj, przykryj i gotuj na wolnym ogniu przez 1 godzinę. Dodaj marchewki, przykryj i gotuj przez kolejne 30 minut. Zdejmij pokrywkę i gotuj, aż sos się zredukuje.

*Wołowina z orzechami nerkowca*

Serwuje 4

*60 ml / 4 łyżki oleju arachidowego (arachidowego).*

*450 g/1 funt wołowiny, cienko pokrojonej*

*8 cebul dymek (szalotki), pokrojonych na kawałki*

*2 ząbki czosnku, zmiażdżone*

*1 plasterek korzenia imbiru, posiekany*

*75 g/3 uncji/¼ szklanki prażonych orzechów nerkowca*

*120 ml/4 fl oz/¬Ω filiżanka wody*

*20ml/4 łyżeczki mąki kukurydzianej (skrobia kukurydziana)*

*20 ml/4 łyżeczki sosu sojowego*

*5 ml/1 łyżeczka oleju sezamowego*

*5 ml/1 łyżeczka sosu ostrygowego*

*5 ml/1 łyżeczka sosu chilli*

Rozgrzej połowę oleju i smaż mięso na złoty kolor. Zdjąć z patelni. Rozgrzej pozostały olej i smaż dymkę, czosnek, imbir i orzechy nerkowca przez 1 minutę. Mięso przełożyć z powrotem na patelnię. Wymieszaj pozostałe składniki i wlej mieszaninę na patelnię. Doprowadzić do wrzenia i gotować, mieszając, aż masa zgęstnieje.

*Powolna zapiekanka z wołowiny*

Serwuje 4

*30 ml / 2 łyżki oleju arachidowego (arachidowego).*

*450 g gulaszu wołowego, pokrojonego w kostkę*

*3 plastry korzenia imbiru, posiekane*

*3 marchewki, pokrojone*

*1 rzepa, pokrojona w kostkę*

*15 ml/1 łyżka czarnych daktyli bez pestek*

*15 ml/1 łyżka nasion lotosu*

*30 ml/2 łyżki koncentratu pomidorowego√©e (pasta)*

*10 ml/2 łyżki soli*

*900 ml/1 Ω pkt/3 ć filiżanki bulionu wołowego*

*250 ml/8 fl oz/1 szklanka wina ryżowego lub wytrawnego sherry*

Rozgrzej olej w dużym rondlu lub bezpłomieniowej patelni i smaż wołowinę, aż się zapiecze ze wszystkich stron.

*Wołowina z kalafiorem*

Serwuje 4

*225 g różyczek kalafiora*
*olej do smażenia*
*225 g wołowiny, pokrojonej w paski*
*50 g pędów bambusa, pokrojonych w paski*
*10 kasztanów wodnych, pokrojonych w paski*
*120 ml/4 fl oz/¬Ω szklanka bulionu z kurczaka*
*15 ml/1 łyżka sosu sojowego*
*15 ml/1 łyżka sosu ostrygowego*
*15 ml/1 łyżka koncentratu pomidorowego√©e (pasta)*
*15 ml/1 łyżka mąki kukurydzianej (skrobi kukurydzianej)*
*2,5 ml/¬Ω łyżeczki oleju sezamowego*

Kalafior blanszować przez 2 minuty we wrzącej wodzie, a następnie odcedzić. Rozgrzej olej i smaż kalafior na złoty kolor. Odsącz je i odsącz na papierze kuchennym. Rozgrzej olej i smaż mięso, aż się lekko zrumieni, następnie odcedź i odsącz. Wlać wszystko oprócz 15 ml/1 łyżkę oleju i smażyć pędy bambusa i kasztany wodne przez 2 minuty. Dodajemy pozostałe składniki, doprowadzamy do wrzenia i gotujemy, mieszając, aż sos zgęstnieje. Umieść wołowinę i kalafior z powrotem na patelni i delikatnie podgrzej. Natychmiast podawaj.

*Wołowina Selerowa*

Serwuje 4

*100 g selera pokrojonego w paski*
*45 ml / 3 łyżki oleju arachidowego (arachidowego).*
*2 dymki (szalotka), posiekane*
*1 plasterek korzenia imbiru, posiekany*
*225 g chudej wołowiny, pokrojonej w paski*
*30ml/2 łyżki sosu sojowego*
*30 ml/2 łyżki wina ryżowego lub wytrawnego sherry*
*2,5 ml/¬Ω łyżeczki cukru*
*2,5 ml/¬Ω łyżeczki soli*

Blanszuj seler we wrzącej wodzie przez 1 minutę, a następnie dobrze odsącz. Rozgrzej olej i smaż cebulę i imbir na złoty kolor.

Dodać wołowinę i smażyć mieszając przez 4 minuty. Dodaj seler i smaż przez 2 minuty. Dodać sos sojowy, wino lub sherry, cukier i sól i smażyć mieszając przez 3 minuty.

*Smażone Plasterki Wołowiny Z Selerem*

Serwuje 4

*30 ml / 2 łyżki oleju arachidowego (arachidowego).*
*450 g chudej wołowiny, pokrojonej w paski*
*3 łodygi selera naciowego, posiekane*
*1 cebula, posiekana*
*1 dymka (szalotka), pokrojona w plasterki*
*1 plasterek korzenia imbiru, posiekany*
*30ml/2 łyżki sosu sojowego*
*15 ml/1 łyżka wina ryżowego lub wytrawnego sherry*
*2,5 ml/¬Ω łyżeczki cukru*
*2,5 ml/¬Ω łyżeczki soli*
*10 ml/2 łyżeczki mąki kukurydzianej (skrobi kukurydzianej)*
*30ml/2 łyżki wody*

Rozgrzej połowę oleju, aż będzie bardzo gorący i smaż mięso przez 1 minutę na złoty kolor. Zdjąć z patelni. Rozgrzej pozostały olej i podsmaż seler, cebulę, dymkę i imbir, aż lekko zmiękną. Ponownie włóż wołowinę na patelnię z sosem sojowym, winem lub sherry, cukrem i solą, zagotuj i smaż, mieszając, aby się zagrzała. Wymieszaj mąkę kukurydzianą i wodę, zamieszaj na patelni i gotuj na wolnym ogniu, aż sos zgęstnieje. Natychmiast podawaj.

*Pokrojona Wołowina Z Kurczakiem I Selerem*

Serwuje 4

*4 suszone grzyby chińskie*
*45 ml / 3 łyżki oleju arachidowego (arachidowego).*
*2 ząbki czosnku, zmiażdżone*
*1 korzeń imbiru pokrojony w plasterki, posiekany*
*5ml/1 łyżeczka soli*
*100 g chudej wołowiny, pokrojonej w paski*
*100 g kurczaka, pokrojonego w paski*
*2 marchewki, pokrojone w paski*
*2 łodygi selera naciowego, pokrojone w paski*
*4 dymki (szalotka), pokrojone w paski*
*5ml/1 łyżeczka cukru*
*5 ml/1 łyżeczka sosu sojowego*

*5 ml/1 łyżeczka wina ryżowego lub wytrawnego sherry*
*45 ml/3 łyżki wody*
*5 ml/1 łyżeczka mąki kukurydzianej (skrobi kukurydzianej)*

Grzyby moczymy przez 30 minut w ciepłej wodzie, następnie odcedzamy. Usuń łodygi i posiekaj kapelusze. Rozgrzej olej i podsmaż czosnek, imbir i sól na złoty kolor. Dodaj wołowinę i kurczaka i smaż, aż zaczną się rumienić. Dodaj seler, dymkę, cukier, sos sojowy, wino lub sherry oraz wodę i zagotuj. Przykryj i gotuj na wolnym ogniu przez około 15 minut, aż mięso będzie miękkie. Mąkę kukurydzianą wymieszać z odrobiną wody, dodać do sosu i gotować mieszając, aż sos zgęstnieje.

## Chili Wołowina

Serwuje 4

*450 g górnej części wołowiny, pokrojonej w paski*
*45 ml/3 łyżki sosu sojowego*
*15 ml/1 łyżka wina ryżowego lub wytrawnego sherry*
*15 ml/1 łyżka brązowego cukru*

*15ml/1 łyżka drobno posiekanego korzenia imbiru*

*30 ml / 2 łyżki oleju arachidowego (arachidowego).*

*50 g pędów bambusa, pokrojonych w zapałki*

*1 cebula, pokrojona w paski*

*1 łodyga selera pokrojona w zapałki*

*2 czerwone papryczki chilli pozbawione nasion i pokrojone w paski*

*120 ml/4 fl oz/¬Ω szklanka bulionu z kurczaka*

*15 ml/1 łyżka mąki kukurydzianej (skrobi kukurydzianej)*

Umieść stek w misce. Wymieszać sos sojowy, wino lub sherry, cukier i imbir i połączyć ze stekiem. Pozostaw do marynowania na 1 godzinę. Wyjąć stek z marynaty. Rozgrzej połowę oleju i smaż przez 3 minuty pędy bambusa, cebulę, seler i chili, a następnie zdejmij z patelni. Rozgrzej pozostały olej i smaż stek przez 3 minuty. Połącz marynatę, zagotuj i dodaj smażone warzywa. Gotuj, mieszając, przez 2 minuty. Wymieszaj bulion i skrobię kukurydzianą i dodaj do garnka. Doprowadzić do wrzenia i gotować na wolnym ogniu, mieszając, aż sos stanie się klarowny i zgęstnieje.

*Wołowina z bok choy*

Serwuje 4

*225 g chudej wołowiny*
*30 ml / 2 łyżki oleju arachidowego (arachidowego).*
*350 g kapusty pekińskiej, startej*
*120 ml/4 fl oz/¬Ω szklanka bulionu wołowego*
*sól i świeżo zmielony pieprz*
*10 ml/2 łyżeczki mąki kukurydzianej (skrobi kukurydzianej)*
*30ml/2 łyżki wody*

Mięso kroimy cienko w poprzek włókien. Rozgrzej olej i smaż mięso na złoty kolor. Dodaj bok choy i smaż, aż lekko zmięknie. Dodać bulion, zagotować i doprawić solą i pieprzem. Przykryj i gotuj na wolnym ogniu przez 4 minuty, aż mięso będzie miękkie. Mąkę kukurydzianą mieszamy z wodą, wlewamy do garnka i gotujemy, mieszając, aż sos zgęstnieje.

*Suey Kotlet Wołowy*

## Serwuje 4

*3 łodygi selera pokrojone w plasterki*

*100 g kiełków fasoli*

*100 g różyczek brokuła*

*60 ml / 4 łyżki oleju arachidowego (arachidowego).*

*3 dymki (szalotka), posiekane*

*2 ząbki czosnku, zmiażdżone*

*1 plasterek korzenia imbiru, posiekany*

*225 g chudej wołowiny, pokrojonej w paski*

*45 ml/3 łyżki sosu sojowego*

*15 ml/1 łyżka wina ryżowego lub wytrawnego sherry*

*5ml/1 łyżeczka soli*

*2,5 ml/¬Ω łyżeczki cukru*

*świeżo mielony pieprz*

*15 ml/1 łyżka mąki kukurydzianej (skrobi kukurydzianej)*

Blanszować seler, kiełki fasoli i brokuły we wrzącej wodzie przez 2 minuty, następnie odcedzić i osuszyć. Rozgrzej 45 ml/3 łyżki oleju i podsmaż dymkę, czosnek i imbir na złoty kolor. Dodać wołowinę i smażyć mieszając przez 4 minuty. Zdjąć z patelni. Rozgrzej pozostały olej i smaż warzywa przez 3 minuty. Dodać wołowinę, sos sojowy, wino lub sherry, sól, cukier i szczyptę pieprzu i smażyć mieszając przez 2 minuty. Mąkę kukurydzianą wymieszać z odrobiną wody, wlać do garnka i gotować mieszając, aż sos stanie się klarowny i zgęstnieje.

*Wołowina Ogórek*

Serwuje 4

*450 g/1 funt wołowiny, cienko pokrojonej*
*45 ml/3 łyżki sosu sojowego*
*30 ml/2 łyżki mąki kukurydzianej (skrobi kukurydzianej)*
*60 ml / 4 łyżki oleju arachidowego (arachidowego).*
*2 ogórki, obrane, pozbawione pestek i pokrojone w plasterki*
*60 ml/4 łyżki bulionu z kurczaka*
*30 ml/2 łyżki wina ryżowego lub wytrawnego sherry*

*sól i świeżo zmielony pieprz*

Umieść stek w misce. Wymieszaj sos sojowy i skrobię kukurydzianą razem i połącz ze stekiem. Pozostaw do marynowania na 30 minut. Rozgrzej połowę oleju i smaż ogórki przez 3 minuty, aż będą nieprzezroczyste, a następnie zdejmij je z patelni. Rozgrzej pozostały olej i smaż stek, aż się zrumieni. Dodać ogórki i smażyć mieszając przez 2 minuty. Dodaj bulion, wino lub sherry i dopraw solą i pieprzem. Doprowadzić do wrzenia, przykryć i gotować na wolnym ogniu przez 3 minuty.

*Wołowina Chow Mein*

Serwuje 4

*750 g/1 ¬Ω funtów rumsztyku*

*2 cebule*

*45 ml/3 łyżki sosu sojowego*

*45 ml/3 łyżki wina ryżowego lub wytrawnego sherry*

*15 ml/1 łyżka masła orzechowego*

*5 ml/1 łyżeczka soku z cytryny*

*350 g makaronu jajecznego*

*60 ml / 4 łyżki oleju arachidowego (arachidowego).*

*175 ml/6 uncji/¼ szklanki bulionu z kurczaka*

*15 ml/1 łyżka mąki kukurydzianej (skrobi kukurydzianej)*

*30 ml/2 łyżki sosu ostrygowego*

*4 dymki (szalotka), posiekane*

*3 łodygi selera pokrojone w plasterki*

*100 g pieczarek pokrojonych w plasterki*

*1 zielona papryka, pokrojona w paski*

*100 g kiełków fasoli*

Usuń i odetnij tłuszcz z mięsa. Parmezan pokroić w poprzek na cienkie plasterki. Cebule kroimy w ósemki i rozdzielamy warstwy. Zmieszaj 15 ml/1 łyżkę sosu sojowego z 15 ml/1 łyżką wina lub sherry, masłem orzechowym i sokiem z cytryny. Dodać mięso, przykryć i odstawić na 1 godzinę. Gotuj tagliatelle we wrzącej wodzie przez około 5 minut lub do miękkości. Dobrze odcedź. Rozgrzać 15 ml/1 łyżkę oleju, dodać 15 ml/1 łyżkę sosu sojowego oraz makaron i smażyć przez 2 minuty na złoty kolor. Przełożyć na ogrzany talerz.

Wymieszaj pozostały sos sojowy i wino lub sherry z bulionem, skrobią kukurydzianą i sosem ostrygowym. Rozgrzej 15 ml/1 łyżkę oleju i smaż cebulę przez 1 minutę. Dodać seler, pieczarki, paprykę i kiełki fasoli i smażyć mieszając przez 2 minuty. Wyjąć z woka. Rozgrzej pozostały olej i smaż mięso, aż się zrumieni. Dodaj bulion, zagotuj, przykryj i gotuj przez 3 minuty. Umieść warzywa z powrotem w woku i gotuj, mieszając, przez około 4 minuty, aż będą gorące. Wylej mieszankę na tagliatelle i podawaj.

### Stek Z Ogórka

Serwuje 4

*Stek z wierzchu 450 g*

*10 ml/2 łyżeczki mąki kukurydzianej (skrobi kukurydzianej)*

*10 ml/2 łyżeczki soli*

*2,5 ml/¬Ω łyżeczki świeżo zmielonego pieprzu*

*90 ml/6 łyżek oleju z orzeszków ziemnych (arachidowych).*

*1 cebula, drobno posiekana*

*1 ogórek, obrany i pokrojony w plasterki*

*120 ml/4 fl oz/¬Ω szklanka bulionu wołowego*

Pokrój stek w paski, a następnie w cienkie plastry pod słoje. Umieść w misce i dodaj mąkę kukurydzianą, sól, pieprz i połowę oleju. Pozostaw do marynowania na 30 minut. Rozgrzej pozostały olej i smaż wołowinę i cebulę na złoty kolor. Dodaj ogórki i bulion, zagotuj, przykryj i gotuj przez 5 minut.

*Curry z pieczonej wołowiny*

Serwuje 4

*45 ml/3 łyżki masła*
*15 ml/1 łyżka curry w proszku*
*45 ml/3 łyżki mąki (uniwersalnej).*
*375 ml/13 fl oz/1¬Ω filiżanki mleka*
*15 ml/1 łyżka sosu sojowego*
*sól i świeżo zmielony pieprz*
*450g gotowanej wołowiny, mielonej*
*100 g groszku*
*2 marchewki, posiekane*
*2 cebule, posiekane*
*225 g gotowanego ryżu długoziarnistego, gorącego*
*1 jajko na twardo (ugotowane), pokrojone w plasterki*

Rozpuść masło, dodaj curry i mąkę i gotuj przez 1 minutę. Połącz mleko i sos sojowy, zagotuj i gotuj na wolnym ogniu, mieszając, przez 2 minuty. Dopraw solą i pieprzem. Dodaj wołowinę, groszek, marchewkę i cebulę i dobrze wymieszaj, aby pokryły się sosem. Wmieszaj ryż, następnie przenieś mieszankę na blachę do pieczenia i piecz w nagrzanym piekarniku w temperaturze 200 ∞ C / 400 ∞ F/gas 6 przez 20 minut, aż warzywa będą miękkie. Podawać udekorowane plasterkami gotowanego jajka.

*Marynowany uchowiec*

Serwuje 4

450g/1lb uchowca z puszki

45 ml/3 łyżki sosu sojowego

30 ml/2 łyżki octu winnego

5ml/1 łyżeczka cukru

kilka kropli oleju sezamowego

Odcedź uchowca i pokrój w cienkie plasterki lub paski. Wymieszaj razem pozostałe składniki, polej abalone i dobrze wymieszaj. Przykryj i wstaw do lodówki na 1 godzinę.

*Duszone pędy bambusa*

Serwuje 4

*60 ml / 4 łyżki oleju arachidowego (arachidowego).*
*225 g pędów bambusa, pokrojonych w paski*
*60 ml/4 łyżki bulionu z kurczaka*
*15 ml/1 łyżka sosu sojowego*
*5ml/1 łyżeczka cukru*
*5 ml/1 łyżeczka wina ryżowego lub wytrawnego sherry*

Rozgrzać olej i smażyć pędy bambusa przez 3 minuty. Wymieszaj bulion, sos sojowy, cukier i wino lub sherry i wlej na patelnię. Przykryj i gotuj przez 20 minut. Pozostaw do ostygnięcia i schłodzenia przed podaniem.

*Kurczak Z Ogórkiem*

Serwuje 4

*1 ogórek, obrany i pozbawiony pestek*
*225 g gotowanego kurczaka, pokrojonego na małe kawałki*
*5 ml/1 łyżeczka musztardy w proszku*
*2,5 ml/¬Ω łyżeczki soli*
*30 ml/2 łyżki octu winnego*

Ogórka pokroić w paski i ułożyć na talerzu. Ułóż kurczaka na wierzchu. Wymieszaj musztardę, sól i ocet winny i polej kurczaka tuż przed podaniem.

*Sezamowy Kurczak*

Serwuje 4

*350 g gotowanego kurczaka*
*120 ml/4 fl oz/¬Ω filiżanka wody*
*5 ml/1 łyżeczka musztardy w proszku*
*15 ml/1 łyżka sezamu*
*2,5 ml/¬Ω łyżeczki soli*
*Szczypta cukru*
*45 ml/3 łyżki posiekanej świeżej kolendry*
*5 cebul dymek (szallion), posiekanych*
*¬Ω główka sałaty, starta*

Kurczaka pokroić w cienkie paski. Wymieszaj wystarczającą ilość wody z musztardą, aby uzyskać gładką pastę i połącz ją z kurczakiem. Ziarna sezamu uprażyć na suchej patelni, aż się lekko zrumienią, następnie dodać je do kurczaka i posypać solą i cukrem. Dodaj połowę pietruszki i dymki i dobrze wymieszaj. Ułóż sałatę na półmisku, posyp mieszanką z kurczakiem i udekoruj pozostałą natką pietruszki.

*liczi z imbirem*

Serwuje 4

*1 duży arbuz, przekrojony na pół i pozbawiony pestek*
*450 g liczi z puszki, odsączone*
*5cm/2 łodygi imbiru, pokrojonego w plasterki*
*kilka listków mięty*

Napełnij połówki melona liczi i imbirem, udekoruj listkami mięty. Schłodzić przed podaniem.

*Pieczone skrzydełka z kurczaka*

Serwuje 4

*8 skrzydełek z kurczaka*
*2 dymki (szalotka), posiekane*
*75ml/5 łyżek sosu sojowego*
*120 ml/4 fl oz/¬Ω filiżanka wody*
*30 ml/2 łyżki brązowego cukru*

Przytnij i wyrzuć kościste końcówki skrzydełek z kurczaka i pokrój je na pół. Umieścić na patelni z pozostałymi składnikami, doprowadzić do wrzenia, przykryć i gotować na wolnym ogniu przez 30 minut. Zdejmij pokrywkę i gotuj na wolnym ogniu przez kolejne 15 minut, często podlewając. Pozostawić do ostygnięcia, a następnie schłodzić przed podaniem.

*Mięso Kraba Z Ogórkiem*

Serwuje 4

*100 g mięsa kraba, płatków*
*2 ogórki, obrane i pokrojone*
*1 plasterek korzenia imbiru, posiekany*
*15 ml/1 łyżka sosu sojowego*
*30 ml/2 łyżki octu winnego*
*5ml/1 łyżeczka cukru*
*kilka kropli oleju sezamowego*

Umieść mięso kraba i ogórki w misce. Wymieszaj razem pozostałe składniki, polej mieszanką z mięsa krabów i dobrze wymieszaj. Przykryj i wstaw do lodówki na 30 minut przed podaniem.

*Grzyby marynowane*

Serwuje 4

*225 g pieczarek*
*30ml/2 łyżki sosu sojowego*
*15 ml/1 łyżka wina ryżowego lub wytrawnego sherry*
*szczypta soli*
**kilka kropel Tabasco**
**kilka kropli oleju sezamowego**

Blanszuj grzyby we wrzącej wodzie przez 2 minuty, następnie odsącz i osusz. Przełożyć do miski i zalać pozostałymi składnikami. Dobrze wymieszaj i pozwól mu ostygnąć przed podaniem.

*Marynowane Pieczarki Czosnkowe*

Serwuje 4

*225 g pieczarek*
*3 ząbki czosnku, zmiażdżone*
*30ml/2 łyżki sosu sojowego*
*30 ml/2 łyżki wina ryżowego lub wytrawnego sherry*
*15 ml/1 łyżka oleju sezamowego*
*szczypta soli*

Pieczarki i czosnek włożyć do durszlaka, zalać wrzątkiem i odstawić na 3 minuty. Odcedź i dobrze osusz. Wymieszaj pozostałe składniki, polej marynatą grzyby i pozostaw do zamarynowania na 1 godzinę.

*Krewetki / Kalafior*

**Serwuje 4**

*225 g różyczek kalafiora*

*100 g obranych krewetek*

*15 ml/1 łyżka sosu sojowego*

*5 ml/1 łyżeczka oleju sezamowego*

Osobno gotuj kalafior przez około 5 minut, aż będzie miękki, ale nadal chrupiący. Wymieszać z krewetkami, skropić sosem sojowym i olejem sezamowym i razem podsmażyć. Schłodzić przed podaniem.

*Paluszki z szynki sezamowej*

Serwuje 4

*225 g szynki pokrojonej w paski*
*10 ml/2 łyżeczki sosu sojowego*
*2,5 ml/¬Ω łyżeczki oleju sezamowego*

Ułóż szynkę na talerzu do serwowania. Wymieszaj sos sojowy i olej sezamowy, posyp szynkę i podawaj.

*Zimne tofu*

**Serwuje 4**

*450 g tofu pokrojonego w plastry*
*45 ml/3 łyżki sosu sojowego*
*45 ml / 3 łyżki oleju arachidowego (arachidowego).*
*świeżo mielony pieprz*

Umieść tofu, po kilka plasterków na raz, w durszlaku i zanurz we wrzącej wodzie na 40 sekund, następnie odsącz i ułóż na talerzu. Pozostaw do ostygnięcia. Wymieszaj sos sojowy z olejem, posyp tofu i podawaj oprószone pieprzem.

## Kurczak Z Bekonem

Serwuje 4

225 g kurczaka, bardzo cienko pokrojonego
75ml/5 łyżek sosu sojowego
15 ml/1 łyżka wina ryżowego lub wytrawnego sherry
1 ząbek czosnku, rozgnieciony
15 ml/1 łyżka brązowego cukru
5ml/1 łyżeczka soli
5 ml/1 łyżeczka mielonego korzenia imbiru
225 g chudego boczku, pokrojonego w kostkę
100 g kasztanów wodnych, pokrojonych w bardzo cienkie plastry
30 ml/2 łyżki miodu

Umieść kurczaka w misce. Wymieszaj 45 ml/3 łyżki sosu sojowego z winem lub sherry, czosnkiem, cukrem, solą i imbirem, polej kurczaka i marynuj przez około 3 godziny. Na szaszłyki do szaszłyków nadziewamy kurczaka, bekon i kasztany. Wymieszaj pozostały sos sojowy z miodem i posmaruj szaszłyki. Grilluj (upieczone) pod gorącym brojlerem przez około 10 minut, aż się ugotuje, często obracając i szczotkując większą ilością glazury podczas gotowania.

*Kurczak Frytki Bananowe*

Serwuje 4

*2 ugotowane piersi z kurczaka*

*2 twarde banany*

*6 kromek chleba*

*4 jajka*

*120 ml/4 fl oz/¬Ω szklanka mleka*

*50 g / 2 uncje / ¬Ω filiżanka mąki pełnoziarnistej (uniwersalnej).*

*225 g/8 uncji/4 filiżanki świeżej bułki tartej*

*olej do smażenia*

Kurczaka pokroić na 24 kawałki. Banany obrać i pokroić wzdłuż na ćwiartki. Pokrój każdą ćwiartkę na 3 części, aby uzyskać 24 części. Odetnij skórkę z chleba i pokrój go na ćwiartki. Wbij jajka i mleko i posmaruj jedną stronę chleba. Połóż kawałek kurczaka i kawałek banana na posmarowanej jajkiem stronie każdego kawałka chleba. Lekko oprósz mąką kwadraty, następnie zanurz je w jajku i posyp bułką tartą. Ponownie wbij jajko i bułkę tartą. Rozgrzać olej i smażyć po kilka placków na raz na złoty kolor. Przed podaniem odsączyć na papierze kuchennym.

*Kurczak Z Imbirem I Pieczarkami*

Serwuje 4

225 g filetów z piersi kurczaka

5 ml/1 łyżeczka proszku pięciu przypraw

15 ml/1 łyżka mąki (uniwersalnej).

120 ml/4 fl oz/¬Ω filiżanka oleju z orzeszków ziemnych.

4 szalotki, przekrojone na pół

1 ząbek czosnku, pokrojony

1 plasterek korzenia imbiru, posiekany

25 g/1 uncja/¬° filiżanka orzechów nerkowca

5 ml/1 łyżeczka miodu

15 ml/1 łyżka mąki ryżowej

75 ml/5 łyżek wina ryżowego lub wytrawnego sherry

100 g pieczarek pokrojonych w ćwiartki

2,5 ml/¬Ω łyżeczki kurkumy

6 żółtych papryczek chilli, przekrojonych na pół

5 ml/1 łyżeczka sosu sojowego

¬Ω sok z limonki

sól i pieprz

4 chrupiące liście sałaty

Pierś z kurczaka pokroić w poprzek włókien na cienkie paski. Posypać proszkiem pięciu przypraw i lekko oprószyć mąką. Rozgrzej 15 ml/1 łyżkę oleju i smaż kurczaka, aż się zrumieni. Zdjąć z patelni. Podgrzej trochę więcej oleju i smaż szalotki, czosnek, imbir i orzechy nerkowca przez 1 minutę. Dodaj miód i mieszaj, aż warzywa się pokryją. Posyp mąką, a następnie dodaj wino lub sherry. Dodaj grzyby, kurkumę i czerwoną paprykę i smaż przez 1 minutę. Dodaj kurczaka, sos sojowy, połowę soku z limonki, sól i pieprz i podgrzej. Zdjąć z patelni i trzymać w cieple. Rozgrzewamy jeszcze trochę oleju, dodajemy liście sałaty i szybko smażymy, doprawić solą i pieprzem oraz pozostałym sokiem z limonki. Ułóż liście sałaty na ciepłym półmisku, ułóż mięso i warzywa na wierzchu i podawaj.

*Kurczak I Szynka*

Serwuje 4

*225 g kurczaka, bardzo cienko pokrojonego*
*75ml/5 łyżek sosu sojowego*
*15 ml/1 łyżka wina ryżowego lub wytrawnego sherry*
*15 ml/1 łyżka brązowego cukru*
*5 ml/1 łyżeczka mielonego korzenia imbiru*
*1 ząbek czosnku, rozgnieciony*
*225 g gotowanej szynki, pokrojonej w kostkę*
*30 ml/2 łyżki miodu*

Umieść kurczaka w misce z 45 ml/3 łyżkami sosu sojowego, winem lub sherry, cukrem, imbirem i czosnkiem. Pozostaw do marynowania na 3 godziny. Nabijamy kurczaka i szynkę na szaszłyki do szaszłyków. Wymieszaj pozostały sos sojowy z miodem i posmaruj szaszłyki. Grilluj (upieczone) pod gorącym brojlerem przez około 10 minut, często obracając i smarując glazurą podczas gotowania.

*Grillowane wątróbki drobiowe*

Serwuje 4

*450 g wątróbek drobiowych*
*45 ml/3 łyżki sosu sojowego*
*15 ml/1 łyżka wina ryżowego lub wytrawnego sherry*
*15 ml/1 łyżka brązowego cukru*
*5ml/1 łyżeczka soli*
*5 ml/1 łyżeczka mielonego korzenia imbiru*
*1 ząbek czosnku, rozgnieciony*

Blanszuj wątróbki drobiowe we wrzącej wodzie przez 2 minuty, a następnie dobrze odsącz. Umieść w misce ze wszystkimi pozostałymi składnikami oprócz oleju i marynuj przez około 3 godziny. Wątróbki drobiowe nawlec na szaszłyki do szaszłyków i grillować (upieczone) pod gorącym grillem przez około 8 minut, aż nabiorą złocistego koloru.

*Kulki krabowe z kasztanami wodnymi*

Serwuje 4

*450 g mięsa kraba, mielonego*

*100 g kasztanów wodnych, posiekanych*

*1 ząbek czosnku, rozgnieciony*

*1 cm/¬Ω pokrojony korzeń imbiru, posiekany*

*45 ml/3 łyżki mąki kukurydzianej (skrobia kukurydziana)*

*30ml/2 łyżki sosu sojowego*

*15 ml/1 łyżka wina ryżowego lub wytrawnego sherry*

*5ml/1 łyżeczka soli*

*5ml/1 łyżeczka cukru*

*3 jajka, ubite*

*olej do smażenia*

Wszystkie składniki poza olejem wymieszać i uformować kulki. Rozgrzej olej i smaż kulki kraba na złoty kolor. Dobrze odcedź przed podaniem.

*Dim sum*

Serwuje 4

*100 g obranych krewetek, posiekanych*
*225 g chudej wieprzowiny, drobno posiekanej*
*50 g kapusty pekińskiej, drobno posiekanej*
*3 dymki (szalotka), posiekane*
*1 jajko, ubite*
*30 ml/2 łyżki mąki kukurydzianej (skrobi kukurydzianej)*
*10 ml/2 łyżeczki sosu sojowego*
*5 ml/1 łyżeczka oleju sezamowego*
*5 ml/1 łyżeczka sosu ostrygowego*
*24 wontonowe skórki*
*olej do smażenia*

Wymieszaj krewetki, wieprzowinę, kapustę i dymkę. Połącz jajko, skrobię kukurydzianą, sos sojowy, olej sezamowy i sos ostrygowy. Umieść łyżki mieszanki na środku każdego wontona. Delikatnie owiń owijki wokół nadzienia, zawijając krawędzie, ale pozostawiając otwarte wierzchołki. Rozgrzej olej i smaż po kilka dim sum na złoty kolor. Dobrze odcedź i podawaj na gorąco.

*Roladki z szynki i kurczaka*

Serwuje 4

*2 piersi z kurczaka*
*1 ząbek czosnku, rozgnieciony*
*2,5 ml/¬Ω łyżeczki soli*
*2,5 ml/¬Ω łyżeczki proszku pięciu przypraw*
*4 plastry gotowanej szynki*
*1 jajko, ubite*
*30 ml/2 łyżki mleka*
*25 g/1 uncja/¬° szklanki mąki zwykłej (uniwersalnej).*
*4 skórki z bułek jajecznych*
*olej do smażenia*

Piersi z kurczaka przekroić na pół. Ubijaj je, aż będą bardzo cienkie. Wymieszaj czosnek, sól i proszek pięciu przypraw i posyp kurczaka. Na każdym kawałku kurczaka połóż plaster szynki i dokładnie zwiń. Wymieszaj jajko i mleko. Lekko oprószyć mąką kawałki kurczaka, a następnie obtoczyć je w mieszance jajecznej. Każdy kawałek ułożyć na skórce bułki jajecznej i posmarować brzegi roztrzepanym jajkiem. Złóż boki, a następnie zwiń razem, ściskając krawędzie, aby się złączyły. Rozgrzej olej i smaż roladki przez około 5 minut na złoty kolor rumiane i gotowane. Odcedź na papierze kuchennym, a następnie pokrój w grube ukośne plastry do podania.

## Krętliki z Pieczonej Szynki

Serwuje 4

*350 g/12 uncji/3 szklanki mąki (uniwersalnej).*

*175 g/6 uncji/¼ filiżanki masła*

*120 ml/4 fl oz/¬Ω filiżanka wody*

*225 g szynki, mielonej*

*100 g pędów bambusa, posiekanych*

*2 dymki (szalotka), posiekane*

*15 ml/1 łyżka sosu sojowego*

*30ml/2 łyżki sezamu*

Do miski wsypać mąkę i dodać masło. Wymieszaj wodę, aby wyrobić ciasto. Rozwałkuj ciasto i pokrój na 5 cm/2 okręgi. Wymieszaj wszystkie pozostałe składniki z wyjątkiem nasion sezamu i umieść łyżkę na każdym kółku. Brzegi ciasta francuskiego posmarować wodą i skleić. Z zewnątrz posmarować wodą i posypać sezamem. Piec w nagrzanym piekarniku w temperaturze 180°C/350°F/gaz 4 przez 30 minut.

*Pseudo Wędzona Ryba*

Serwuje 4

*1 okoń morski*

*3 plastry korzenia imbiru, pokrojone*

*1 ząbek czosnku, rozgnieciony*

*1 dymka (szalotka), grubo pokrojona*

*75ml/5 łyżek sosu sojowego*

*30 ml/2 łyżki wina ryżowego lub wytrawnego sherry*

*2,5 ml/¬Ω łyżeczki mielonego anyżu*

*2,5 ml/¬Ω łyżeczki oleju sezamowego*

*10 ml/2 łyżeczki cukru*

*120 ml/4 fl oz/¬Ω szklanka bulionu*

*olej do smażenia*

*5 ml/1 łyżeczka mąki kukurydzianej (skrobi kukurydzianej)*

Rybę oczyść i pokrój w plastry o grubości 5 mm. Wymieszaj imbir, czosnek, dymkę, 60 ml/4 łyżki sosu sojowego, sherry, anyż i olej sezamowy. Zalać rybę i delikatnie przyprawić. Odstawić na 2 godziny, od czasu do czasu obracając.

Odcedź marynatę na patelni i osusz rybę na papierze kuchennym. Dodaj cukier, bulion i pozostały sos sojowy marynować, doprowadzić do wrzenia i gotować na wolnym ogniu przez 1 minutę. Jeśli sos wymaga zagęszczenia, wymieszaj mąkę kukurydzianą z odrobiną zimnej wody, wmieszaj do sosu i gotuj, mieszając, aż sos zgęstnieje.

W międzyczasie rozgrzej olej i smaż rybę na złoty kolor. Dobrze odcedź. Zanurz kawałki ryby w marynacie, a następnie ułóż je na ciepłym półmisku. Podawać na ciepło lub na zimno.

*Duszone pieczarki*

Serwuje 4

*12 dużych czapek suszonych grzybów*
*225 g mięsa kraba*
*3 kasztany wodne, posiekane*
*2 dymki (szalotka), drobno posiekane*
*1 białko jajka*
*15 ml/1 łyżka mąki kukurydzianej (skrobi kukurydzianej)*
*15 ml/1 łyżka sosu sojowego*
*15 ml/1 łyżka wina ryżowego lub wytrawnego sherry*

Grzyby namoczyć w ciepłej wodzie na całą noc. Wyciśnij do sucha. Wymieszaj pozostałe składniki i użyj do nadziewania kapeluszy pieczarek. Umieścić na stojaku do gotowania na parze i gotować na parze przez 40 minut. Podawać na gorąco.

## Pieczarki W Sosie Ostrygowym

Serwuje 4

*10 suszonych grzybów chińskich*
*250 ml/8 uncji/1 szklanka bulionu wołowego*
*15 ml/1 łyżka mąki kukurydzianej (skrobi kukurydzianej)*
*30 ml/2 łyżki sosu ostrygowego*
*5 ml/1 łyżeczka wina ryżowego lub wytrawnego sherry*

Grzyby moczymy przez 30 minut w ciepłej wodzie, następnie odcedzamy, zachowując 250 ml płynu z moczenia. Odrzuć łodygi. Wymieszaj 60 ml/4 łyżki bulionu wołowego ze skrobią kukurydzianą, aby utworzyć pastę. Resztę bulionu wołowego z grzybami i płynem z grzybów zagotować, przykryć i gotować na wolnym ogniu przez 20 minut. Wyjmij grzyby z płynu łyżką cedzakową i ułóż je na ciepłym talerzu. Dodaj sos ostrygowy i sherry na patelnię i gotuj na wolnym ogniu, mieszając przez 2 minuty. Dodać pastę ze skrobi kukurydzianej i doprowadzić do wrzenia, mieszając, aż sos zgęstnieje. Polać pieczarkami i od razu podawać.

## Wrapy z wieprzowiny i sałaty

### Serwuje 4

*4 suszone grzyby chińskie*
*15 ml/1 łyżka oleju arachidowego (arachidowego).*
*225 g chudej wieprzowiny, mielonej*
*100 g pędów bambusa, posiekanych*
*100 g kasztanów wodnych, posiekanych*
*4 dymki (szalotka), posiekane*
*175g mięsa kraba, płatków*
*30 ml/2 łyżki wina ryżowego lub wytrawnego sherry*
*15 ml/1 łyżka sosu sojowego*
*10 ml/2 łyżeczki sosu ostrygowego*
*10 ml/2 łyżeczki oleju sezamowego*
*9 chińskich liści*

Grzyby moczymy przez 30 minut w ciepłej wodzie, następnie odcedzamy. Usuń łodygi i posiekaj kapelusze. Rozgrzej olej i smaż wieprzowinę przez 5 minut. Dodać grzyby, pędy bambusa, kasztany wodne, dymkę i mięso krabów i smażyć mieszając przez 2 minuty. Wymieszać wino lub sherry, sos sojowy, sos ostrygowy i olej sezamowy i wymieszać na patelni. Zdjąć z ognia. W międzyczasie blanszować chińskie liście we wrzącej wodzie przez 1 minutę

odpływ. Umieść łyżkę mieszanki wieprzowej na środku każdego liścia, zawiń boki i zwiń, aby podawać.

*Klopsiki Wieprzowe I Kasztany*

Serwuje 4

450 g mielonej wieprzowiny (mielonej).
50 g pieczarek, drobno posiekanych
50 g kasztanów wodnych, drobno posiekanych
1 ząbek czosnku, rozgnieciony
1 jajko, ubite
30ml/2 łyżki sosu sojowego
15 ml/1 łyżka wina ryżowego lub wytrawnego sherry
5 ml/1 łyżeczka mielonego korzenia imbiru
5ml/1 łyżeczka cukru
sól
30 ml/2 łyżki mąki kukurydzianej (skrobi kukurydzianej)
olej do smażenia

Wymieszaj wszystkie składniki oprócz mąki kukurydzianej i z masy uformuj kulki. Obtoczyć w skrobi kukurydzianej. Rozgrzej olej i smaż klopsiki przez około 10 minut na złoty kolor. Dobrze odcedź przed podaniem.

*Pierogi wieprzowe*

Serwuje 4,6

*450 g/1 funt mąki (uniwersalnej).*
*500ml/17 fl oz/2 szklanki wody*
*450 g gotowanej wieprzowiny, mielonej*
*225 g obranych krewetek, posiekanych*
*4 łodygi selera naciowego, posiekane*
*15 ml/1 łyżka sosu sojowego*
*15 ml/1 łyżka wina ryżowego lub wytrawnego sherry*
*15 ml/1 łyżka oleju sezamowego*
*5ml/1 łyżeczka soli*
*2 dymki (szalotka), drobno posiekane*
*2 ząbki czosnku, zmiażdżone*
*1 plasterek korzenia imbiru, posiekany*

Z mąki i wody zagnieść miękkie ciasto i dobrze zagnieść. Przykryć i odstawić na 10 minut. Rozwałkuj ciasto tak cienko, jak to możliwe i pokrój w koła o średnicy 5 cm. Wszystkie pozostałe składniki wymieszać razem. Umieść łyżkę mieszanki na każdym kółku, zwilż brzegi i zamknij w półkolu. Zagotuj wodę w garnku, a następnie delikatnie zanurz w niej gnocchi.

## Klopsiki Wieprzowe I Cielęce

Serwuje 4

*100 g mielonej wieprzowiny (mielonej).*
*100 g mielonej (mielonej) cielęciny.*
*1 plaster bekonu, posiekany (posiekany)*
*15 ml/1 łyżka sosu sojowego*
*sól i pieprz*
*1 jajko, ubite*
*30 ml/2 łyżki mąki kukurydzianej (skrobi kukurydzianej)*
*olej do smażenia*

Mięso mielone wymieszać z boczkiem i doprawić solą i pieprzem. Połączyć z jajkiem, formować kulki wielkości orzecha włoskiego i posypać mąką kukurydzianą. Rozgrzej olej i smaż na złoty kolor. Dobrze odcedź przed podaniem.

*Krewetki motylkowe*

Serwuje 4

*450 g dużych obranych krewetek*
*15 ml/1 łyżka sosu sojowego*
*5 ml/1 łyżeczka wina ryżowego lub wytrawnego sherry*
*5 ml/1 łyżeczka mielonego korzenia imbiru*
*2,5 ml/¬Ω łyżeczki soli*
*2 jajka, ubite*
*30 ml/2 łyżki mąki kukurydzianej (skrobi kukurydzianej)*
*15 ml/1 łyżka mąki (uniwersalnej).*
*olej do smażenia*

Krewetki przekroić wzdłuż grzbietu na pół i rozłożyć na kształt motyla. Wymieszaj sos sojowy, wino lub sherry, imbir i sól. Zalej krewetki i pozostaw do marynowania na 30 minut. Wyjąć z marynaty i osuszyć. Ubij jajko ze skrobią kukurydzianą i mąką, aż uzyskasz ciasto i zanurz krewetki w cieście. Rozgrzej olej i smaż krewetki na złoty kolor. Dobrze odcedź przed podaniem.

*Chińskie krewetki*

Serwuje 4

*450 g nieobranych krewetek*
*30 ml/2 łyżki sosu Worcestershire*
*15 ml/1 łyżka sosu sojowego*
*15 ml/1 łyżka wina ryżowego lub wytrawnego sherry*
*15 ml/1 łyżka brązowego cukru*

Włóż krewetki do miski. Wymieszaj pozostałe składniki, zalej krewetki i pozostaw do zamarynowania na 30 minut. Przełożyć na blachę do pieczenia i piec w nagrzanym piekarniku w temperaturze 150°C/300°F/gaz 2 przez 25 minut. Podawaj na ciepło lub zimno z muszlami, aby goście mogli sami je obrać.

*Smocze Chmury*

Serwuje 4

*100 g krakersów krewetkowych*
*olej do smażenia*

Rozgrzej olej, aż będzie bardzo gorący. Dodawaj krakersy z krewetek garść na raz i smaż przez kilka sekund, aż napęcznieją. Zdjąć z oleju i odsączyć na papierze kuchennym, kontynuując smażenie krakersów.

*Chrupiące Krewetki*

Serwuje 4

*450 g obranych krewetek tygrysich*
*15 ml/1 łyżka wina ryżowego lub wytrawnego sherry*
*10 ml/2 łyżeczki sosu sojowego*
*5 ml/1 łyżeczka proszku pięciu przypraw*
*sól i pieprz*
*90 ml/6 łyżek mąki kukurydzianej (skrobia kukurydziana)*
*2 jajka, ubite*
*100 g bułki tartej*
*olej arachidowy do smażenia*

Krewetki wymieszać z winem lub sherry, sosem sojowym i proszkiem pięciu przypraw, doprawić solą i pieprzem. Obtaczamy je w mące kukurydzianej, a następnie w roztrzepanym jajku i bułce tartej. Smażymy na rozgrzanym oleju przez kilka minut na złoty kolor, po czym odcedzamy i podajemy od razu.

## Krewetki Z Sosem Imbirowym

Serwuje 4

*15 ml/1 łyżka sosu sojowego*
*5 ml/1 łyżeczka wina ryżowego lub wytrawnego sherry*
*5 ml/1 łyżeczka oleju sezamowego*
*450 g obranych krewetek*
*30 ml / 2 łyżki posiekanej świeżej pietruszki*
*15 ml/1 łyżka octu winnego*
*5 ml/1 łyżeczka mielonego korzenia imbiru*

Wymieszaj sos sojowy, wino lub sherry i olej sezamowy. Zalej krewetki, przykryj i marynuj przez 30 minut. Grilluj krewetki przez kilka minut, aż się ugotują, polewając je marynatą. W międzyczasie wymieszaj pietruszkę, ocet winny i imbir, aby podać z krewetkami.

## Roladki z makaronem krewetkowym

**Serwuje 4**

50 g makaronu jajecznego, pokrojonego na kawałki
15 ml/1 łyżka oleju arachidowego (arachidowego).
50 g chudej wieprzowiny, drobno posiekanej
100 g pieczarek, posiekanych
3 dymki (szalotka), posiekane
100 g obranych krewetek, posiekanych
15 ml/1 łyżka wina ryżowego lub wytrawnego sherry
sól i pieprz
24 wontonowe skórki
1 jajko, ubite
olej do smażenia

Tagliatelle gotujemy we wrzącej wodzie przez 5 minut, następnie odcedzamy i siekamy. Rozgrzej olej i smaż wieprzowinę przez 4 minuty. Dodaj pieczarki i cebulę i smaż przez 2 minuty, a następnie zdejmij z ognia. Połącz krewetki, wino lub sherry i makaron, dopraw do smaku solą i pieprzem. Umieść łyżki mieszanki na środku każdego wontona i posmaruj brzegi ubitym jajkiem. Zawiń krawędzie, a następnie zwiń owijki, sklejając brzegi. Rozgrzej olej i smaż bułki a po kilka na raz przez około 5 minut na złoty kolor. Przed podaniem odsączyć na papierze kuchennym.

## krewetki Toast

**Serwuje 4**

2 jajka 450 g krewetek w skorupkach, posiekanych
15 ml/1 łyżka mąki kukurydzianej (skrobi kukurydzianej)
1 cebula, drobno posiekana
30ml/2 łyżki sosu sojowego
15 ml/1 łyżka wina ryżowego lub wytrawnego sherry
5ml/1 łyżeczka soli
5 ml/1 łyżeczka mielonego korzenia imbiru
8 kromek chleba pokrojonego w trójkąty
olej do smażenia

Wymieszaj 1 jajko ze wszystkimi pozostałymi składnikami oprócz chleba i oleju. Wlać mieszaninę na trójkąty chleba i wcisnąć w kształt kopuły. Posmarować pozostałym jajkiem. Rozgrzej około 5 cm oleju i smaż trójkąty chleba na złoty kolor. Dobrze odcedź przed podaniem.

*Wontony wieprzowo-krewetkowe z sosem słodko-kwaśnym*

Serwuje 4

*120 ml/4 fl oz/¬Ω filiżanka wody*

*60 ml/4 łyżki octu winnego*

*60 ml/4 łyżki brązowego cukru*

*30 ml/2 łyżki koncentratu pomidorowego√©e (pasta)*

*10 ml/2 łyżeczki mąki kukurydzianej (skrobi kukurydzianej)*

*25 g pieczarek, posiekanych*

*25 g obranych krewetek, posiekanych*

*50 g chudej wieprzowiny, mielonej*

*2 dymki (szalotka), posiekane*

*5 ml/1 łyżeczka sosu sojowego*

*2,5 ml/¬Ω łyżeczki startego korzenia imbiru*

*1 ząbek czosnku, rozgnieciony*

*24 wontonowe skórki*

*olej do smażenia*

W rondlu wymieszaj wodę, ocet winny, cukier, koncentrat pomidorowy i skrobię kukurydzianą. Doprowadzić do wrzenia, ciągle mieszając, a następnie gotować na wolnym ogniu przez 1 minutę. Zdjąć z ognia i trzymać w cieple.

Wymieszać z grzybami, krewetkami, wieprzowiną, dymką, sosem sojowym, imbirem i czosnkiem. Nałożyć łyżkę nadzienia na każdą skórkę, posmarować brzegi wodą i docisnąć, aby się skleiły. Rozgrzej olej i smaż po kilka wontonów na złoty kolor. Odsącz na papierze kuchennym i podawaj gorące z sosem słodko-kwaśnym.

*Bulion z kurczaka*

Wytwarza 2 litry/3½ punktu/8½ filiżanki

*1,5 kg gotowanych lub surowych kości kurczaka*

*450 g kości wieprzowych*

*1 cm/½ korzenia imbiru w kawałkach*

*3 dymki (szalotka), pokrojone w plasterki*

*1 ząbek czosnku, rozgnieciony*

*5ml/1 łyżeczka soli*

*2,25 litra/4 pkt/10 szklanek wody*

Doprowadzić wszystkie składniki do wrzenia, przykryć i gotować na wolnym ogniu przez 15 minut. Wyeliminuj tłuszcz. Przykryj i gotuj przez 1 1/2 godziny. Przefiltrować, ostudzić i odsączyć. Zamrozić w małych ilościach lub przechowywać w lodówce i spożyć w ciągu 2 dni.

*Zupa z kiełków fasoli i wieprzowiny*

Serwuje 4

*450 g pokrojonej w kostkę wieprzowiny*
*1,5 l/2½ pkt/6 szklanek bulionu z kurczaka*
*5 plasterków korzenia imbiru*
*350 g kiełków fasoli*
*15 ml/1 łyżka soli*

Blanszuj wieprzowinę we wrzącej wodzie przez 10 minut, a następnie odcedź. Doprowadzić bulion do wrzenia i dodać wieprzowinę i imbir. Przykryj i gotuj przez 50 minut. Dodaj kiełki fasoli i sól i gotuj na wolnym ogniu przez 20 minut.

*Zupa z Abalone i Pieczarek*

Serwuje 4

*60 ml / 4 łyżki oleju arachidowego (arachidowego).*

*100 g chudej wieprzowiny, pokrojonej w paski*

*225g uchowca z puszki, pokrojonego w paski*

*100 g pieczarek pokrojonych w plasterki*

*2 łodygi selera pokrojone w plasterki*

*50 g szynki pokrojonej w paski*

*2 cebule, pokrojone w plasterki*

*1,5 l/2½ pt/6 szklanek wody*

*30 ml/2 łyżki octu winnego*

*45 ml/3 łyżki sosu sojowego*

*2 plasterki korzenia imbiru, posiekane*

*sól i świeżo zmielony pieprz*

*15 ml/1 łyżka mąki kukurydzianej (skrobi kukurydzianej)*

*45 ml/3 łyżki wody*

Rozgrzej olej i smaż wieprzowinę, uchowca, grzyby, seler, szynkę i cebulę przez 8 minut. Dodaj wodę i ocet winny, zagotuj, przykryj i gotuj przez 20 minut. Dodać sos sojowy, imbir, sól i pieprz. Zmiksuj skrobię kukurydzianą na pastę z wody, wlać do zupy i gotować, mieszając, przez 5 minut, aż zupa się wyklaruje i zgęstnieje.

*Zupa Z Kurczaka I Szparagów*

Serwuje 4

*100 g kurczaka, rozdrobnionego*
*2 białka jaj*
*2,5 ml / ½ łyżeczki soli*
*30 ml/2 łyżki mąki kukurydzianej (skrobi kukurydzianej)*
*225 g szparagów, pokrojonych na 5 cm kawałki*
*100 g kiełków fasoli*
*1,5 l/2½ pkt/6 szklanek bulionu z kurczaka*
*100 g pieczarek*

Wymieszać kurczaka z białkami, solą i skrobią kukurydzianą i odstawić na 30 minut. Gotuj kurczaka we wrzącej wodzie przez około 10 minut, aż będzie ugotowany, a następnie dobrze odsącz. Blanszuj szparagi we wrzącej wodzie przez 2 minuty, a następnie odcedź. Blanszuj kiełki fasoli we wrzącej wodzie przez 3 minuty, a następnie odcedź. Wlej bulion na dużą patelnię i dodaj kurczaka, szparagi, pieczarki i kiełki fasoli. Doprowadzić do wrzenia i doprawić solą. Gotować na wolnym ogniu przez kilka minut, aby smaki się rozwinęły i warzywa były miękkie, ale nadal chrupiące.

*Zupa Wołowa*

Serwuje 4

*225 g mielonej wołowiny (mielonej).*
*15 ml/1 łyżka sosu sojowego*
*15 ml/1 łyżka wina ryżowego lub wytrawnego sherry*
*15 ml/1 łyżka mąki kukurydzianej (skrobi kukurydzianej)*
*1,2 l/2 szt./5 szklanek bulionu z kurczaka*
*5 ml/1 łyżeczka sosu z fasoli chilli*
*sól i pieprz*
*2 jajka, ubite*
*6 cebul dymek (szallion), posiekanych*

Mięso wymieszać z sosem sojowym, winem lub sherry i skrobią kukurydzianą. Dodać do bulionu i stopniowo doprowadzać do wrzenia, mieszając. Dodaj dip z fasoli chili i dopraw do smaku solą i pieprzem, przykryj i gotuj na wolnym ogniu przez około 10 minut, od czasu do czasu mieszając. Wbij jajka i podawaj posypane dymką.

*Chińska zupa z wołowiny i liści*

Serwuje 4

*200 g chudej wołowiny, pokrojonej w paski*
*15 ml/1 łyżka sosu sojowego*
*15 ml/1 łyżka oleju arachidowego (arachidowego).*
*1,5 l/2½ pkt/6 szklanek bulionu wołowego*
*5ml/1 łyżeczka soli*
*2,5 ml / ½ łyżeczki cukru*
*½ główki chińskich liści pokrojonych na kawałki*

Wymieszaj mięso z sosem sojowym i olejem i pozostaw do zamarynowania na 30 minut, od czasu do czasu mieszając. Doprowadzić bulion do wrzenia z solą i cukrem, dodać chińskie liście i gotować na wolnym ogniu przez około 10 minut, aż będzie prawie ugotowany. Dodać mięso i dusić jeszcze 5 minut.

## Kapuśniak

Serwuje 4

*60 ml / 4 łyżki oleju arachidowego (arachidowego).*

*2 cebule, posiekane*

*100 g chudej wieprzowiny, pokrojonej w paski*

*225 g kapusty pekińskiej, startej*

*10 ml/2 łyżeczki cukru*

*1,2 l/2 szt./5 szklanek bulionu z kurczaka*

*45 ml/3 łyżki sosu sojowego*

*sól i pieprz*

*15 ml/1 łyżka mąki kukurydzianej (skrobi kukurydzianej)*

Rozgrzej olej i smaż cebulę i wieprzowinę na złoty kolor. Dodać kapustę i cukier i smażyć mieszając przez 5 minut. Dodać bulion i sos sojowy, doprawić do smaku solą i pieprzem. Doprowadzić do wrzenia, przykryć i gotować na wolnym ogniu przez 20 minut. Mąkę kukurydzianą wymieszać z odrobiną wody, dodać do zupy i gotować mieszając, aż zupa zgęstnieje i będzie przezroczysta.

*pikantna zupa z wołowiny*

Serwuje 4

*45 ml / 3 łyżki oleju arachidowego (arachidowego).*

*1 ząbek czosnku, rozgnieciony*

*5ml/1 łyżeczka soli*

*225 g mielonej wołowiny (mielonej).*

*6 cebul dymek (szalotki), pokrojonych w paski*

*1 czerwona papryka, pokrojona w paski*

*1 zielona papryka, pokrojona w paski*

*225 g kapusty, posiekanej*

*1 L/1¾ pt/4¼ szklanki bulionu wołowego*

*30 ml/2 łyżki sosu śliwkowego*

*30 ml/2 łyżki sosu hoisin*

*45 ml/3 łyżki sosu sojowego*

*2 kawałki łodygi imbiru, posiekane*

*2 jajka*

*5 ml/1 łyżeczka oleju sezamowego*

*225 g przezroczystego makaronu, namoczonego*

Rozgrzej olej i smaż czosnek i sól na złoty kolor. Dodać mięso i szybko zrumienić. Dodać warzywa i smażyć mieszając, aż będą przezroczyste. Dodać bulion, sos śliwkowy, sos hoisin, 30ml/2 łyżkę sosu sojowego i imbiru, doprowadzić do wrzenia i gotować na wolnym ogniu przez 10 minut. Ubij jajka z olejem sezamowym i pozostałym sosem sojowym. Dodaj do zupy z makaronem i gotuj, mieszając, aż z jajek utworzą się nitki, a makaron będzie miękki.

*Niebiańska zupa*

Serwuje 4

*2 dymki (szalotka), posiekane*
*1 ząbek czosnku, rozgnieciony*
*30 ml / 2 łyżki posiekanej świeżej pietruszki*
*5ml/1 łyżeczka soli*
*15 ml/1 łyżka oleju arachidowego (arachidowego).*
*30ml/2 łyżki sosu sojowego*
*1,5 l/2½ pt/6 szklanek wody*

Wymieszaj dymkę, czosnek, pietruszkę, sól, olej i sos sojowy. Doprowadzić wodę do wrzenia, wlać mieszankę dymki i odstawić na 3 minuty.

*Zupa z kurczaka i pędów bambusa*

Serwuje 4

*2 udka z kurczaka*

*30 ml / 2 łyżki oleju arachidowego (arachidowego).*

*5 ml/1 łyżeczka wina ryżowego lub wytrawnego sherry*

*1,5 l/2½ pkt/6 szklanek bulionu z kurczaka*

*3 dymki, pokrojone w plasterki*

*100 g pędów bambusa, pokrojonych na kawałki*

*5 ml/1 łyżeczka mielonego korzenia imbiru*

*sól*

Kurczaka obrać z kości i pokroić w kostkę. Rozgrzej olej i smaż kurczaka, aż się zapiecze ze wszystkich stron. Dodaj bulion, dymkę, pędy bambusa i imbir, zagotuj i gotuj na wolnym ogniu przez około 20 minut, aż kurczak będzie miękki. Doprawić solą przed podaniem.

*Zupa Z Kurczaka I Kukurydzy*

Serwuje 4

*1 L/1¾ pt/4¼ szklanki bulionu drobiowego*
*100 g kurczaka, mielonego*
*200 g kremu ze słodkiej kukurydzy*
*szynka pokrojona w plastry*
*ubite jajka*
*15 ml/1 łyżka wina ryżowego lub wytrawnego sherry*

Doprowadzić bulion i kurczaka do wrzenia, przykryć i gotować na wolnym ogniu przez 15 minut. Dodaj kukurydzę i szynkę, przykryj i gotuj na wolnym ogniu przez 5 minut. Dodać jajka i sherry, powoli mieszając trzepaczką, aby jajka utworzyły nitki. Zdjąć z ognia, przykryć i odstawić na 3 minuty przed podaniem.

*Zupa Z Kurczaka I Imbiru*

Serwuje 4

*4 suszone grzyby chińskie*
*1,5 l/2½ pt/6 szklanek wody lub bulionu z kurczaka*
*225 g mięsa z kurczaka, pokrojonego w kostkę*
*10 plasterków korzenia imbiru*
*5 ml/1 łyżeczka wina ryżowego lub wytrawnego sherry*
*sól*

Grzyby moczymy przez 30 minut w ciepłej wodzie, następnie odcedzamy. Odrzuć łodygi. Doprowadź wodę lub bulion do wrzenia z pozostałymi składnikami i gotuj na wolnym ogniu przez około 20 minut, aż kurczak będzie ugotowany.

## Chińska Zupa Pieczarkowa Z Kurczaka

Serwuje 4

*25 g suszonych grzybów chińskich*
*100 g kurczaka, rozdrobnionego*
*50 g pędów bambusa, startych*
*30ml/2 łyżki sosu sojowego*
*30 ml/2 łyżki wina ryżowego lub wytrawnego sherry*
*1,2 l/2 szt./5 szklanek bulionu z kurczaka*

Grzyby moczymy przez 30 minut w ciepłej wodzie, następnie odcedzamy. Usuń łodygi i pokrój kapelusze. Blanszuj grzyby, kurczaka i pędy bambusa we wrzącej wodzie przez 30 sekund, a następnie odcedź. Umieść je w misce i wymieszaj z sosem sojowym i winem lub sherry. Pozostaw do marynowania na 1 godzinę. Doprowadzić bulion do wrzenia, dodać mieszankę z kurczaka i marynatę. Dobrze wymieszaj i gotuj na wolnym ogniu przez kilka minut, aż kurczak będzie ugotowany.

*Zupa Z Kurczaka I Ryżu*

Serwuje 4

*1 L/1¾ pt/4¼ szklanki bulionu drobiowego*
*225 g/8 uncji/1 szklanka ugotowanego ryżu długoziarnistego*
*100 g gotowanego kurczaka, pokrojonego w paski*
*1 cebula, pokrojona w ósemki*
*5 ml/1 łyżeczka sosu sojowego*

Podgrzej wszystkie składniki razem, aż będą gorące, nie gotując zupy.

*Zupa Kokosowa Z Kurczaka*

Serwuje 4

*350 g piersi z kurczaka*

*sól*

*10 ml/2 łyżeczki mąki kukurydzianej (skrobi kukurydzianej)*

*30 ml / 2 łyżki oleju arachidowego (arachidowego).*

*1 zielona papryka, posiekana*

*1 L/1¾ pt/4¼ szklanki mleka kokosowego*

*5 ml/1 łyżeczka startej skórki z cytryny*

*12 liczi*

*szczypta startej gałki muszkatołowej*

*sól i świeżo zmielony pieprz*

*2 liście melisy*

Pierś z kurczaka pokrój w poprzek włókien na paski. Posypać solą i przykryć mąką kukurydzianą. W woku rozgrzać 10 ml/2 łyżeczki oleju, obrócić i wlać. Powtórz jeszcze raz. Rozgrzej pozostały olej i smaż kurczaka i czerwoną paprykę przez 1 minutę. Dodać mleko kokosowe i doprowadzić do wrzenia. Dodaj skórkę z cytryny i gotuj przez 5 minut. Dodaj liczi, dopraw gałką muszkatołową, solą i pieprzem i podawaj udekorowane melisą.

*Chowder z mięczaków*

Serwuje 4

*2 suszone grzyby chińskie*
*12 małży, namoczonych i wyszorowanych*
*1,5 l/2½ pkt/6 szklanek bulionu z kurczaka*
*50 g pędów bambusa, startych*
*50 g ślazowca (grochu), przekrojonego na pół*
*2 dymki (szalotka), pokrojone w krążki*
*15 ml/1 łyżka wina ryżowego lub wytrawnego sherry*
*szczypta świeżo zmielonego pieprzu*

Grzyby moczymy przez 30 minut w ciepłej wodzie, następnie odcedzamy. Usuń łodygi i przekrój kapelusze na pół. Gotuj małże na parze przez około 5 minut, aż się otworzą; odrzuć te, które pozostają zamknięte. Wyjmij małże z muszli. Doprowadzić bulion do wrzenia i dodać grzyby, pędy bambusa, groszek śnieżny i dymkę. Gotuj bez przykrycia przez 2 minuty. Dodaj małże, wino lub sherry i pieprz i gotuj na wolnym ogniu, aż się rozgrzeją.

*Zupa Jajeczna*

Serwuje 4

*1,2 1/2 szt./5 szklanek bulionu z kurczaka*
*3 jajka, ubite*
*45 ml/3 łyżki sosu sojowego*
*sól i świeżo zmielony pieprz*
*4 dymki (szalotka), pokrojone w plasterki*

Doprowadzić bulion do wrzenia. Stopniowo wbijaj ubite jajka, aby rozdzieliły się na pasma. Mieszamy z sosem sojowym i doprawiamy do smaku solą i pieprzem. Podawać udekorowane dymką.

*Zupa krabowa i przegrzebki*

Serwuje 4

4 suszone grzyby chińskie

15 ml/1 łyżka oleju arachidowego (arachidowego).

1 jajko, ubite

1,5 l/2½ pkt/6 szklanek bulionu z kurczaka

175g mięsa kraba, płatków

100 g obranych przegrzebków, pokrojonych w plastry

100 g pędów bambusa, pokrojonych w plasterki

2 dymki (szalotka), posiekane

1 plasterek korzenia imbiru, posiekany

kilka ugotowanych i obranych krewetek (opcjonalnie)

45 ml/3 łyżki mąki kukurydzianej (skrobia kukurydziana)

90 ml/6 łyżek wody

30 ml/2 łyżki wina ryżowego lub wytrawnego sherry

20 ml/4 łyżeczki sosu sojowego

2 białka jaj

Grzyby moczymy przez 30 minut w ciepłej wodzie, następnie odcedzamy. Usuń łodygi i drobno pokrój kapelusze. Rozgrzej olej, wbij jajko i przechyl patelnię tak, aby jajko przykryło dno. Gotuj, aż przesiać, odwrócić i smażyć z drugiej strony. Zdjąć z patelni, zwinąć i pokroić w cienkie paski.

Doprowadź bulion do wrzenia, dodaj grzyby, paski jajek, mięso kraba, przegrzebki, pędy bambusa, dymkę, imbir i krewetki, jeśli używasz. Ponownie doprowadzić do wrzenia. Wymieszaj skrobię kukurydzianą z 60 ml/4 łyżkami wody, winem lub sosem sherry-sojowym i dodaj do zupy. Dusić, mieszając, aż zupa zgęstnieje. Białka ubijamy z pozostałą wodą na sztywną pianę i powoli wlewamy do zupy, energicznie mieszając.

*Zupa Krabowa*

Serwuje 4

*90 ml/6 łyżek oleju z orzeszków ziemnych (arachidowych).*
*3 cebule, posiekane*
*225 g białego i brązowego mięsa kraba*
*1 plasterek korzenia imbiru, posiekany*
*1,2 l/2 szt./5 szklanek bulionu z kurczaka*
*150ml/¼ pt/szklanka wina ryżowego lub wytrawnego sherry*
*45 ml/3 łyżki sosu sojowego*
*sól i świeżo zmielony pieprz*

Rozgrzej olej i smaż cebulę, aż będzie miękka, ale nie zrumieniona. Dodać mięso kraba i imbir i smażyć mieszając przez 5 minut. Dodać bulion, wino lub sherry i sos sojowy, doprawić solą i pieprzem. Doprowadzić do wrzenia, a następnie gotować na wolnym ogniu przez 5 minut.

*Zupa rybna*

Serwuje 4

*225 g filetów rybnych*

*1 plasterek korzenia imbiru, posiekany*

*15 ml/1 łyżka wina ryżowego lub wytrawnego sherry*

*30 ml / 2 łyżki oleju arachidowego (arachidowego).*

*1,5 l/2½ pkt/6 szklanek bulionu rybnego*

Pokrój rybę w cienkie paski pod włos. Wymieszaj imbir, wino lub sherry i olej, dodaj rybę i delikatnie wymieszaj. Pozostaw do marynowania na 30 minut, od czasu do czasu obracając. Doprowadzić bulion do wrzenia, dodać rybę i gotować na wolnym ogniu przez 3 minuty.

*Zupa rybna i sałata*

Serwuje 4

*225 g filetów z białej ryby*
*30 ml/2 łyżki mąki (uniwersalnej).*
*sól i świeżo zmielony pieprz*
*90 ml/6 łyżek oleju z orzeszków ziemnych (arachidowych).*
*6 cebul dymek (szalotka), pokrojonych w plasterki*
*100 g sałaty, poszatkowanej*
*1,2 l/2 szt./5 filiżanek wody*
*10 ml/2 łyżeczki drobno posiekanego korzenia imbiru*
*150ml/¼ pt/czubate ½ szklanki wina ryżowego lub wytrawnego sherry*
*30 ml/2 łyżki mąki kukurydzianej (skrobi kukurydzianej)*
*30 ml / 2 łyżki posiekanej świeżej pietruszki*
*10 ml/2 łyżeczki soku z cytryny*
*30ml/2 łyżki sosu sojowego*

Rybę pokroić w cienkie paski, a następnie obtoczyć w przyprawionej mące. Rozgrzej olej i smaż cebulę do miękkości. Dodaj sałatę i smaż przez 2 minuty. Dodaj rybę i gotuj przez 4 minuty. Dodaj wodę, imbir i wino lub sherry, zagotuj, przykryj i gotuj przez 5 minut. Wymieszaj mąkę kukurydzianą z odrobiną wody, a następnie dodaj ją do zupy. Dusić, mieszając przez kolejne 4 minuty, aż zupa

rozjaśnia się, a następnie doprawia solą i pieprzem. Podawać posypane natką pietruszki, sokiem z cytryny i sosem sojowym.

*Zupa imbirowa z knedlami*

Serwuje 4

*5 cm/2 w kawałkach korzeń imbiru, starty*
*350 g cukru trzcinowego*
*1,5 l/2½ pt/7 szklanek wody*
*225 g/8 uncji/2 szklanki mąki ryżowej*
*2,5 ml / ½ łyżeczki soli*
*60 ml/4 łyżki wody*

Umieść imbir, cukier i wodę w rondlu i zagotuj, mieszając. Przykryj i gotuj przez około 20 minut. Odcedź zupę i przelej z powrotem do garnka.

W międzyczasie wsyp mąkę i sól do miski i mieszaj po trochu z wystarczającą ilością wody, aby uzyskać gęste ciasto. Formujemy kulki i wlewamy kluski do zupy. Doprowadzić zupę ponownie do wrzenia, przykryć i gotować jeszcze 6 minut, aż kluski się ugotują.

*Gorąca i kwaśna zupa*

Serwuje 4

*8 suszonych grzybów chińskich*
*1 L/1¾ pt/4¼ szklanki bulionu drobiowego*
*100 g kurczaka, pokrojonego w paski*
*100 g pędów bambusa, pokrojonych w paski*
*100 g tofu pokrojonego w paski*
*15 ml/1 łyżka sosu sojowego*
*30 ml/2 łyżki octu winnego*
*30 ml/2 łyżki mąki kukurydzianej (skrobi kukurydzianej)*
*2 jajka, ubite*
*kilka kropli oleju sezamowego*

Grzyby moczymy przez 30 minut w ciepłej wodzie, następnie odcedzamy. Usuń łodygi i pokrój kapelusze w paski. Doprowadź grzyby, bulion, kurczaka, pędy bambusa i tofu do wrzenia, przykryj i gotuj na wolnym ogniu przez 10 minut. Zmieszaj sos sojowy, ocet winny i skrobię kukurydzianą na gładką pastę, dodaj do zupy i gotuj na wolnym ogniu przez 2 minuty, aż zupa stanie się przezroczysta. Powoli dodawać jajka i olej sezamowy, mieszając rózgą. Przykryj i odstaw na 2 minuty przed podaniem.

*Zupa grzybowa*

Serwuje 4

*15 suszonych grzybów chińskich*
*1,5 l/2½ pkt/6 szklanek bulionu z kurczaka*
*5ml/1 łyżeczka soli*

Grzyby namoczyć w ciepłej wodzie przez 30 minut, następnie odcedzić, zachowując płyn. Usuń łodygi i przekrój kapelusze na pół, jeśli są duże, i umieść je w dużej żaroodpornej misce. Umieść miskę na stojaku w parowarze. Doprowadzić bulion do wrzenia, zalać nim grzyby, następnie przykryć i gotować na parze przez 1 godzinę we wrzącej wodzie. Dopraw solą i podawaj.

## Zupa Z Kapusty I Pieczarek

Serwuje 4

*25 g suszonych grzybów chińskich*
*15 ml/1 łyżka oleju arachidowego (arachidowego).*
*50 g liści chińskich, rozdrobnionych*
*15 ml/1 łyżka wina ryżowego lub wytrawnego sherry*
*15 ml/1 łyżka sosu sojowego*
*1,2 l/2 szt./5 filiżanek bulionu drobiowego lub warzywnego*
*sól i świeżo zmielony pieprz*
*5 ml/1 łyżeczka oleju sezamowego*

Grzyby moczymy przez 30 minut w ciepłej wodzie, następnie odcedzamy. Usuń łodygi i pokrój kapelusze. Rozgrzej olej i smaż grzyby i chińskie liście przez 2 minuty, aż dobrze się pokryją. Zdeglasować winem lub sherry i sosem sojowym, następnie dodać bulion. Doprowadzić do wrzenia, doprawić solą i pieprzem, a następnie gotować na wolnym ogniu przez 5 minut. Przed podaniem skropić olejem sezamowym.

*Zupa Jajeczna Pieczarkowa*

Serwuje 4

*1 L/1¾ pt/4¼ szklanki bulionu drobiowego*
*30 ml/2 łyżki mąki kukurydzianej (skrobi kukurydzianej)*
*100 g pieczarek pokrojonych w plasterki*
*1 plasterek cebuli, drobno posiekanej*
*szczypta soli*
*3 krople oleju sezamowego*
*2,5 ml/½ łyżeczki sosu sojowego*
*1 jajko, ubite*

Wymieszaj trochę bulionu ze skrobią kukurydzianą, a następnie zmiksuj wszystkie składniki oprócz jajka. Doprowadzić do wrzenia, przykryć i gotować na wolnym ogniu przez 5 minut. Dodać jajko, mieszając trzepaczką, aby z jajka utworzyły się nitki. Zdjąć z ognia i odstawić na 2 minuty przed podaniem.

*Zupa z grzybów i kasztanów wodnych*

Serwuje 4

1 L/1¾ pt/4¼ szklanki bulionu warzywnego lub wody
2 cebule, drobno posiekane
5 ml/1 łyżeczka wina ryżowego lub wytrawnego sherry
30ml/2 łyżki sosu sojowego
225 g pieczarek
100 g kasztanów wodnych, pokrojonych w plasterki
100 g pędów bambusa, pokrojonych w plasterki
kilka kropli oleju sezamowego
2 liście sałaty, pokrojone na kawałki
2 dymki (szalotka), pokrojone na kawałki

Doprowadzić wodę, cebulę, wino lub sos sherry-sojowy do wrzenia, przykryć i gotować na wolnym ogniu przez 10 minut. Dodaj grzyby, kasztany wodne i pędy bambusa, przykryj i gotuj na wolnym ogniu przez 5 minut. Połącz olej sezamowy, liście sałaty i dymkę, zdejmij z ognia, przykryj i odstaw na 1 minutę przed podaniem.

*Zupa Z Wieprzowiny I Pieczarek*

Serwuje 4

*60 ml / 4 łyżki oleju arachidowego (arachidowego).*

*1 ząbek czosnku, rozgnieciony*

*2 cebule, pokrojone w plasterki*

*225 g chudej wieprzowiny, pokrojonej w paski*

*1 łodyga selera, posiekana*

*50 g pieczarek pokrojonych w plastry*

*2 marchewki, pokrojone*

*1,2 l/2 pkt/5 szklanek bulionu wołowego*

*15 ml/1 łyżka sosu sojowego*

*sól i świeżo zmielony pieprz*

*15 ml/1 łyżka mąki kukurydzianej (skrobi kukurydzianej)*

Rozgrzej olej i smaż czosnek, cebulę i wieprzowinę, aż cebula będzie miękka i lekko zrumieniona. Dodaj seler, pieczarki i marchewkę, przykryj i gotuj na małym ogniu przez 10 minut. Doprowadzić bulion do wrzenia, a następnie dodać go do garnka z sosem sojowym i doprawić do smaku solą i pieprzem. Mąkę kukurydzianą wymieszać z odrobiną wody, następnie wlać do garnka i gotować mieszając przez około 5 minut.

*Zupa z wieprzowiny i rukwi wodnej*

Serwuje 4

*1,5 l/2½ pkt/6 szklanek bulionu z kurczaka*

*100 g chudej wieprzowiny, pokrojonej w paski*

*3 łodygi selera, pokrojone ukośnie*

*2 dymki (szalotka), pokrojone w plasterki*

*1 pęczek rzeżuchy*

*5ml/1 łyżeczka soli*

Doprowadzić bulion do wrzenia, dodać wieprzowinę i seler, przykryć i gotować na wolnym ogniu przez 15 minut. Dodaj dymkę, rukiew wodną i sól i gotuj bez przykrycia przez około 4 minuty.

*Zupa Wieprzowa I Ogórkowa*

Serwuje 4

*100 g chudej wieprzowiny, cienko pokrojonej*
*5 ml/1 łyżeczka mąki kukurydzianej (skrobi kukurydzianej)*
*15 ml/1 łyżka sosu sojowego*
*15 ml/1 łyżka wina ryżowego lub wytrawnego sherry*
*1 ogórek*
*1,5 l/2½ pkt/6 szklanek bulionu z kurczaka*
*5ml/1 łyżeczka soli*

Dodaj wieprzowinę, skrobię kukurydzianą, sos sojowy i wino lub sherry. Mieszaj, aby pokryć wieprzowinę. Obierz ogórka i przekrój go wzdłuż na pół, a następnie usuń nasiona. Grubo pokroić. Doprowadzić bulion do wrzenia, dodać wieprzowinę, przykryć i gotować na wolnym ogniu przez 10 minut. Dodaj ogórek i gotuj przez kilka minut, aż będzie przezroczysty. Wymieszaj sól i dodaj trochę więcej sosu sojowego, jeśli chcesz.

*Zupa z klopsikami i makaronem*

Serwuje 4

*50 g makaronu ryżowego*
*225 g mielonej wieprzowiny (mielonej).*
*5 ml/1 łyżeczka mąki kukurydzianej (skrobi kukurydzianej)*
*2,5 ml / ½ łyżeczki soli*
*30ml/2 łyżki wody*
*1,5 l/2½ pkt/6 szklanek bulionu z kurczaka*
*1 dymka (szalotka), drobno posiekana*
*5 ml/1 łyżeczka sosu sojowego*

Namocz makaron w zimnej wodzie na czas przygotowywania klopsików. Wymieszaj wieprzowinę, skrobię kukurydzianą, odrobinę soli i wodę i uformuj kulki wielkości orzecha włoskiego. Zagotować wodę w garnku, dodać klopsiki wieprzowe, przykryć i gotować na wolnym ogniu przez 5 minut. Dobrze odcedź i odsącz makaron. Doprowadzić bulion do wrzenia, dodać klopsiki wieprzowe i makaron, przykryć i gotować na wolnym ogniu przez 5 minut. Dodaj dymkę, sos sojowy i pozostałą sól i gotuj na wolnym ogniu przez kolejne 2 minuty.

*Zupa Szpinakowa I Tofu*

Serwuje 4

*1,2 l/2 szt./5 szklanek bulionu z kurczaka*
*200 g pomidorów z puszki, odsączonych i posiekanych*
*225 g tofu pokrojonego w kostkę*
*225 g posiekanego szpinaku*
*30ml/2 łyżki sosu sojowego*
*5 ml/1 łyżeczka brązowego cukru*
*sól i świeżo zmielony pieprz*

Doprowadzić bulion do wrzenia, następnie dodać pomidory, tofu i szpinak i delikatnie wymieszać. Ponownie doprowadzić do wrzenia i gotować na wolnym ogniu przez 5 minut. Dodać sos sojowy i cukier, doprawić do smaku solą i pieprzem. Dusić przez 1 minutę przed podaniem.

*Zupa z kraba i słodkiej kukurydzy*

Serwuje 4

*1,2 1/2 szt./5 szklanek bulionu z kurczaka*
*200 g słodkiej kukurydzy*
*sól i świeżo zmielony pieprz*
*1 jajko, ubite*
*200 g mięsa krabów, płatków*
*3 szalotki, posiekane*

Doprowadzić bulion do wrzenia, dodać kukurydzę, doprawić solą i pieprzem. Gotować przez 5 minut. Tuż przed podaniem wbić jajka przez widelec i polać zupę. Podawać posypane mięsem kraba i posiekaną szalotką.

*Zupa Syczuańska*

## Serwuje 4

*4 suszone grzyby chińskie*

*1,5 l/2½ pkt/6 szklanek bulionu z kurczaka*

*75 ml/5 łyżek wytrawnego białego wina*

*15 ml/1 łyżka sosu sojowego*

*2,5 ml/½ łyżeczki sosu chili*

*30 ml/2 łyżki mąki kukurydzianej (skrobi kukurydzianej)*

*60 ml/4 łyżki wody*

*100 g chudej wieprzowiny, pokrojonej w paski*

*50 g szynki gotowanej, pokrojonej w paski*

*1 czerwona papryka, pokrojona w paski*

*50 g kasztanów wodnych, pokrojonych w plasterki*

*10 ml/2 łyżeczki octu winnego*

*5 ml/1 łyżeczka oleju sezamowego*

*1 jajko, ubite*

*100 g obranych krewetek*

*6 cebul dymek (szallion), posiekanych*

*175 g tofu pokrojonego w kostkę*

Grzyby moczymy przez 30 minut w ciepłej wodzie, następnie odcedzamy. Usuń łodygi i pokrój kapelusze. Przynieś rosół, wino, soję

sos i ostry sos paprykowy zagotować, przykryć i gotować na wolnym ogniu przez 5 minut. Zmieszaj mąkę kukurydzianą z połową wody i dodaj do zupy, mieszając, aż zupa zgęstnieje. Dodaj pieczarki, wieprzowinę, szynkę, pieprz i kasztany wodne i gotuj na wolnym ogniu przez 5 minut. Połącz ocet winny i olej sezamowy. Jajko roztrzepać z pozostałą wodą i wlać do zupy, energicznie mieszając. Dodaj krewetki, dymkę i tofu i gotuj na wolnym ogniu przez kilka minut, aby się rozgrzały.

*Zupa Tofu*

Serwuje 4

*1,5 l/2½ pkt/6 szklanek bulionu z kurczaka*

*225 g tofu pokrojonego w kostkę*

*5ml/1 łyżeczka soli*

*5 ml/1 łyżeczka sosu sojowego*

Doprowadzić bulion do wrzenia i dodać tofu, sól i sos sojowy. Dusić kilka minut, aż tofu będzie gorące.

*Zupa z tofu i rybą*

Serwuje 4

225 g filetów z białej ryby, pokrojonych w paski

150ml/¼ pt/czubate ½ szklanki wina ryżowego lub wytrawnego sherry

10 ml/2 łyżeczki drobno posiekanego korzenia imbiru

45 ml/3 łyżki sosu sojowego

2,5 ml / ½ łyżeczki soli

60 ml / 4 łyżki oleju arachidowego (arachidowego).

2 cebule, posiekane

100 g pieczarek pokrojonych w plasterki

1,2 l/2 szt./5 szklanek bulionu z kurczaka

100 g tofu pokrojonego w kostkę

sól i świeżo zmielony pieprz

Włóż rybę do miski. Wymieszaj wino lub sherry, imbir, sos sojowy i sól i polej rybę. Pozostaw do marynowania na 30 minut. Rozgrzej olej i smaż cebulę przez 2 minuty. Dodać pieczarki i dalej smażyć, aż cebula będzie miękka, ale nie zrumieniona. Dodaj rybę i marynatę, zagotuj, przykryj i gotuj przez 5 minut. Dodać bulion, doprowadzić do wrzenia, przykryć i gotować na wolnym ogniu przez 15 minut. Dodać tofu i doprawić do smaku solą i pieprzem. Gotuj, aż tofu się ugotuje.

### Zupa pomidorowa

Serwuje 4

*400 g pomidorów z puszki, odsączonych i posiekanych*
*1,2 l/2 szt./5 szklanek bulionu z kurczaka*
*1 plasterek korzenia imbiru, posiekany*
*15 ml/1 łyżka sosu sojowego*
*15 ml/1 łyżka sosu z fasoli chilli*
*10 ml/2 łyżeczki cukru*

Wszystkie składniki umieść w rondelku i gotuj na wolnym ogniu, od czasu do czasu mieszając. Gotuj przez około 10 minut przed podaniem.

*Zupa Pomidorowa I Szpinakowa*

Serwuje 4

*1,2 1/2 szt./5 szklanek bulionu z kurczaka*
*225 g krojonych pomidorów z puszki*
*225 g tofu pokrojonego w kostkę*
*225 g szpinaku*
*30ml/2 łyżki sosu sojowego*
*sól i świeżo zmielony pieprz*
*2,5 ml / ½ łyżeczki cukru*
*2,5 ml/½ łyżeczki wina ryżowego lub wytrawnego sherry*

Doprowadź bulion do wrzenia, następnie dodaj pomidory, tofu i szpinak i gotuj na wolnym ogniu przez 2 minuty. Dodaj pozostałe składniki i gotuj na wolnym ogniu przez 2 minuty, a następnie dobrze wymieszaj i podawaj.

*Zupa Rzepakowa*

Serwuje 4

*1 L/1¾ pt/4¼ szklanki bulionu drobiowego*
*1 duża rzepa, cienko pokrojona*
*200 g chudej wieprzowiny, cienko pokrojonej*
*15 ml/1 łyżka sosu sojowego*
*60 ml/4 łyżki brandy*
*sól i świeżo zmielony pieprz*
*4 szalotki, drobno posiekane*

Doprowadzić bulion do wrzenia, dodać rzepę i wieprzowinę, przykryć i gotować na wolnym ogniu przez 20 minut, aż rzepa będzie miękka, a mięso ugotowane. Połącz sos sojowy i brandy, dopraw do smaku. Gotuj, aż będzie gorący i podawaj posypany szalotką.

*Polewka*

Serwuje 4

*6 suszonych grzybów chińskich*

*1 L/1¾ pt/4¼ szklanki bulionu warzywnego*

*50 g pędów bambusa, pokrojonych w paski*

*50 g kasztanów wodnych, pokrojonych w plasterki*

*8 groszku śnieżnego (grochu), pokrojonego w plasterki*

*5 ml/1 łyżeczka sosu sojowego*

Grzyby moczymy przez 30 minut w ciepłej wodzie, następnie odcedzamy. Usuń łodygi i pokrój kapelusze w paski. Dodaj je do bulionu z pędami bambusa i kasztanami wodnymi, zagotuj, przykryj i gotuj na wolnym ogniu przez 10 minut. Dodaj mangetout i sos sojowy, przykryj i gotuj na wolnym ogniu przez 2 minuty. Odstawić na 2 minuty przed podaniem.

*Zupa wegetariańska*

Serwuje 4

¼ *kapusty*
*2 marchewki*
*3 łodygi selera*
*2 dymki (szalotka)*
*30 ml / 2 łyżki oleju arachidowego (arachidowego).*
*1,5 l/2½ pt/6 szklanek wody*
*15 ml/1 łyżka sosu sojowego*
*15 ml/1 łyżka wina ryżowego lub wytrawnego sherry*
*5ml/1 łyżeczka soli*
*świeżo mielony pieprz*

Warzywa pokroić w paski. Rozgrzej olej i smaż warzywa przez 2 minuty, aż zaczną mięknąć. Dodaj pozostałe składniki, zagotuj, przykryj i gotuj przez 15 minut.

*zupa z rukwii wodnej*

Serwuje 4

*1 L/1¾ pt/4¼ szklanki bulionu drobiowego*
*1 cebula, drobno posiekana*
*1 łodyga selera naciowego, drobno posiekana*
*225 g rukwi wodnej, grubo posiekanej*
*sól i świeżo zmielony pieprz*

Doprowadzić bulion, cebulę i seler do wrzenia, przykryć i gotować na wolnym ogniu przez 15 minut. Dodaj rzeżuchę, przykryj i gotuj przez 5 minut. Dopraw solą i pieprzem.

*Smażąca Ryba Z Warzywami*

Serwuje 4

4 suszone grzyby chińskie
4 całe ryby, oczyszczone i pozbawione łusek
olej do smażenia
30 ml/2 łyżki mąki kukurydzianej (skrobi kukurydzianej)
45 ml / 3 łyżki oleju arachidowego (arachidowego).
100 g pędów bambusa, pokrojonych w paski
50 g kasztanów wodnych, pokrojonych w paski
50 g kapusty pekińskiej, posiekanej
2 plasterki korzenia imbiru, posiekane
30 ml/2 łyżki wina ryżowego lub wytrawnego sherry
30ml/2 łyżki wody
15 ml/1 łyżka sosu sojowego
5ml/1 łyżeczka cukru
120 ml/4 fl oz/¬Ω szklanka bulionu rybnego
sól i świeżo zmielony pieprz
¬Ω główka sałaty, starta
15 ml/1 łyżka posiekanej natki pietruszki

Grzyby moczymy przez 30 minut w ciepłej wodzie, następnie odcedzamy. Usuń łodygi i pokrój kapelusze. Pokrój rybę na pół

mąkę kukurydzianą i strzepnąć nadmiar. Rozgrzej olej i smaż rybę przez około 12 minut, aż się ugotuje. Odsącz na papierze kuchennym i trzymaj w cieple.

Rozgrzej olej i smaż przez 3 minuty grzyby, pędy bambusa, kasztany wodne i kapustę. Dodać imbir, wino lub sherry, 15 ml/1 łyżkę wody, sos sojowy i cukier, smażyć mieszając przez 1 minutę. Dodaj bulion, sól i pieprz, zagotuj, przykryj i gotuj na wolnym ogniu przez 3 minuty. Mąkę kukurydzianą wymieszać z pozostałą wodą, wlać do garnka i gotować mieszając, aż sos zgęstnieje. Ułóż sałatę na półmisku, a na wierzchu ułóż rybę. Polać warzywami i sosem i podawać udekorowane natką pietruszki.

*Pieczona Cała Ryba*

Serwuje 4

*1 duży okoń morski lub podobna ryba*
*45 ml/3 łyżki mąki kukurydzianej (skrobia kukurydziana)*
*45 ml / 3 łyżki oleju arachidowego (arachidowego).*
*1 cebula, posiekana*
*2 ząbki czosnku, zmiażdżone*
*50 g szynki pokrojonej w paski*
*100 g obranych krewetek*
*15 ml/1 łyżka sosu sojowego*
*15 ml/1 łyżka wina ryżowego lub wytrawnego sherry*
*5ml/1 łyżeczka cukru*
*5ml/1 łyżeczka soli*

Pokryj rybę mąką kukurydzianą. Rozgrzej olej i smaż cebulę i czosnek na złoty kolor. Dodaj rybę i smaż na złoty kolor z obu stron. Przenieś rybę na folię do blachy do pieczenia i udekoruj szynką i krewetkami. Dodaj sos sojowy, wino lub sherry, cukier i sól na patelnię i dobrze wymieszaj. Zalej rybę, zamknij folię i piecz w nagrzanym piekarniku w temperaturze 150°C/300°F/gaz 2 przez 20 minut.

*Duszona ryba sojowa*

Serwuje 4

*1 duży okoń morski lub podobna ryba*

*sól*

*50 g / 2 uncje / ¬Ω filiżanka mąki pełnoziarnistej (uniwersalnej).*

*60 ml / 4 łyżki oleju arachidowego (arachidowego).*

*3 plastry korzenia imbiru, posiekane*

*3 dymki (szalotka), posiekane*

*250ml/8 fl oz/1 szklanka wody*

*45 ml/3 łyżki sosu sojowego*

*15 ml/1 łyżka wina ryżowego lub wytrawnego sherry*

*2,5 ml/¬Ω łyżeczki cukru*

Oczyść i oczyść rybę i natnij ją po przekątnej z obu stron. Posyp solą i pozostaw na 10 minut. Rozgrzej olej i smaż rybę na złoty kolor z obu stron, obracając raz i skrapiając olejem podczas smażenia. Dodaj imbir, dymkę, wodę, sos sojowy, wino lub sherry i cukier, zagotuj, przykryj i gotuj przez 20 minut, aż ryba się ugotuje. Podawać na ciepło lub na zimno.

*Ryba sojowa z sosem ostrygowym*

Serwuje 4

*1 duży okoń morski lub podobna ryba*

*sól*

*60 ml / 4 łyżki oleju arachidowego (arachidowego).*

*3 dymki (szalotka), posiekane*

*2 plasterki korzenia imbiru, posiekane*

*1 ząbek czosnku, rozgnieciony*

*45 ml/3 łyżki sosu ostrygowego*

*30ml/2 łyżki sosu sojowego*

*5ml/1 łyżeczka cukru*

*250 ml/8 fl oz/1 szklanka bulionu rybnego*

Oczyść i oczyść rybę i natnij kilka razy po przekątnej z każdej strony. Posyp solą i pozostaw na 10 minut. Rozgrzej większość oleju i smaż rybę na złoty kolor z obu stron, obracając raz. W międzyczasie rozgrzej pozostały olej na osobnej patelni i podsmaż dymkę, imbir i czosnek na złoty kolor. Dodać sos ostrygowy, sos sojowy i cukier i smażyć mieszając przez 1 minutę. Dodać bulion i doprowadzić do wrzenia. Mieszankę wlać do zrumienionej ryby, ponownie zagotować, przykryć i dusić ok

15 minut, aż ryba będzie gotowa, obracając raz lub dwa razy w trakcie gotowania.

*Okoń morski gotowany na parze*

Serwuje 4

*1 duży okoń morski lub podobna ryba*
*2,25 l/4 szt./10 filiżanek wody*
*3 plastry korzenia imbiru, posiekane*
*15 ml/1 łyżka soli*
*15 ml/1 łyżka wina ryżowego lub wytrawnego sherry*
*30 ml / 2 łyżki oleju arachidowego (arachidowego).*

Oczyść i oczyść rybę i natnij kilka razy po przekątnej z obu stron. Doprowadź wodę do wrzenia w dużym garnku i dodaj pozostałe składniki. Zanurz rybę w wodzie, szczelnie przykryj, wyłącz ogień i pozostaw na 30 minut, aż ryba się ugotuje.

*Duszona Ryba Z Pieczarkami*

Serwuje 4

*4 suszone grzyby chińskie*

*1 duży karp lub podobna ryba*

*sól*

*45 ml / 3 łyżki oleju arachidowego (arachidowego).*

*2 dymki (szalotka), posiekane*

*1 plasterek korzenia imbiru, posiekany*

*3 ząbki czosnku, zmiażdżone*

*100 g pędów bambusa, pokrojonych w paski*

*250 ml/8 fl oz/1 szklanka bulionu rybnego*

*30ml/2 łyżki sosu sojowego*

*15 ml/1 łyżka wina ryżowego lub wytrawnego sherry*

*2,5 ml/¬Ω łyżeczki cukru*

Grzyby moczymy przez 30 minut w ciepłej wodzie, następnie odcedzamy. Usuń łodygi i pokrój kapelusze. Rybę naciąć kilka razy po przekątnej z obu stron, posypać solą i odstawić na 10 minut. Rozgrzej olej i smaż rybę z obu stron na złoty kolor. Dodaj dymkę, imbir i czosnek i smaż przez 2 minuty. Dodać pozostałe składniki, zagotować, przykryć i gotować na wolnym ogniu przez 15 minut, aż ryba będzie gotowa, obracając raz lub dwa razy i od czasu do czasu mieszając.

*Słodko kwaśna ryba*

Serwuje 4

*1 duży okoń morski lub podobna ryba*
*1 jajko, ubite*
*50 g mąki kukurydzianej (skrobi kukurydzianej)*
*Olej do smażenia*

Na sos:

*15 ml/1 łyżka oleju arachidowego (arachidowego).*
*1 zielona papryka, pokrojona w paski*
*100 g kawałków ananasa z puszki w syropie*
*1 cebula, pokrojona w ósemki*
*100 g / 4 uncje / ¬Ω filiżanka brązowego cukru*
*60 ml/4 łyżki bulionu z kurczaka*
*60 ml/4 łyżki octu winnego*
*15 ml/1 łyżka koncentratu pomidorowego√©e (pasta)*
*15 ml/1 łyżka mąki kukurydzianej (skrobi kukurydzianej)*
*15 ml/1 łyżka sosu sojowego*
*3 dymki (szalotka), posiekane*

Oczyść rybę i usuń płetwy i głowę, jeśli wolisz. Przełóż do ubitego jajka, a następnie do mąki kukurydzianej. Rozgrzej olej i smaż rybę, aż się ugotuje. Dobrze odcedź i trzymaj w cieple.

Aby zrobić sos, rozgrzej olej i smaż paprykę, odsączonego ananasa i cebulę przez 4 minuty. Dodaj 30 ml/2 łyżki stołowe syropu ananasowego, cukier, bulion, ocet winny, przecier pomidorowy, skrobię kukurydzianą i sos sojowy i zagotuj, mieszając. Dusić, mieszając, aż sos się wyklaruje i zgęstnieje. Polej rybę i podawaj posypane szczypiorkiem.

*Ryba Nadziewana Wieprzowiną*

Serwuje 4

*1 duży karp lub podobna ryba*

*sól*

*100 g mielonej wieprzowiny (mielonej).*

*1 dymka (szalotka), posiekana*

*4 plastry korzenia imbiru, posiekane*

*15 ml/1 łyżka mąki kukurydzianej (skrobi kukurydzianej)*

*60 ml/4 łyżki sosu sojowego*

*15 ml/1 łyżka wina ryżowego lub wytrawnego sherry*

*5ml/1 łyżeczka cukru*

*75ml/5 łyżek oleju arachidowego (arachidowego).*

*2 ząbki czosnku, zmiażdżone*

*1 cebula, pokrojona*

*300 ml/¬Ω pt/1¬° szklanki wody*

Rybę oczyść, oczyść i posyp solą. Wymieszaj wieprzowinę, dymkę, trochę imbiru, skrobię kukurydzianą, 15ml/1 łyżkę sosu sojowego, wino lub sherry i cukier i nadziewaj rybę. Rozgrzej olej i smaż rybę na złoty kolor z obu stron, następnie zdejmij ją z patelni i spuść większość oleju. Dodaj czosnek i pozostały imbir i smaż, aż się zarumienią.

Dodaj pozostały sos sojowy i wodę, zagotuj i gotuj przez 2 minuty. Umieść rybę z powrotem na patelni, przykryj i gotuj na wolnym ogniu przez około 30 minut, aż ryba się ugotuje, obracając raz lub dwa razy.

*Duszony karp w przyprawach*

Serwuje 4

*1 duży karp lub podobna ryba*
*150 ml/¬° pt/duża filiżanka oleju z orzeszków ziemnych ¬Ω.*
*15 ml/1 łyżka cukru*
*2 ząbki czosnku, drobno posiekane*
*100 g pędów bambusa, pokrojonych w plasterki*
*150 ml/¬° pt/dobra ¬Ω filiżanka bulionu rybnego*
*15 ml/1 łyżka wina ryżowego lub wytrawnego sherry*
*15 ml/1 łyżka sosu sojowego*
*2 dymki (szalotka), posiekane*
*1 plasterek korzenia imbiru, posiekany*
*15 ml/1 łyżka octu winnego sól*

Rybę oczyść, złuszcz i namocz na kilka godzin w zimnej wodzie. Odsączyć i osuszyć, a następnie naciąć kilka razy z każdej strony. Rozgrzej olej i smaż rybę z obu stron, aż będzie bardzo twarda. Zdjąć z patelni, wlać i zachować wszystko oprócz 30 ml/2 łyżki oleju. Dodaj cukier na patelnię i mieszaj, aż się ściemni. Dodaj czosnek i pędy bambusa i dobrze wymieszaj. Dodać pozostałe składniki, doprowadzić do wrzenia, a następnie ponownie włożyć rybę na patelnię, przykryć i gotować na wolnym ogniu przez około 15 minut, aż ryba będzie miękka.

Ułóż rybę na ciepłym półmisku i polej sosem.

www.ingramcontent.com/pod-product-compliance
Lightning Source LLC
Chambersburg PA
CBHW050347120526
44590CB00015B/1592